うんこドリル

で，4年生の**算数**を

楽しく先どり！

TRIAL BOOK

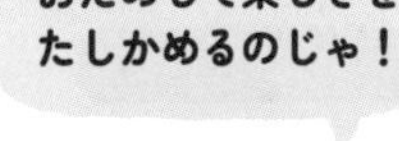

うんこドリル
わり算
小数・分数

定価各858円（本体780円＋税10%）

「うんこ」の魔法で短期間に集中して計算力をアップすることができるドリル。力をつけるうんこ文章題や，楽しいうんこコラムも充実しています。

※書影やタイトルは予告なく変更させていただくことがございます。

2けた÷1けたの筆算①

0~2こ よくできたね！

3~5こ できたね

6こ~ がんばれ

まずは，わり算の筆算のしかたを覚（おぼ）えよう。

1 51÷3の筆算のしかたを考えます。

十の位（くらい）の計算

❶ 5÷3=1あまり2
1を十の位に**たてる**。

❷ 3と1を**かける**。

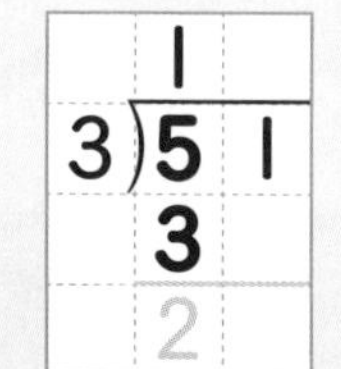

❸ 5から3を**ひく**。

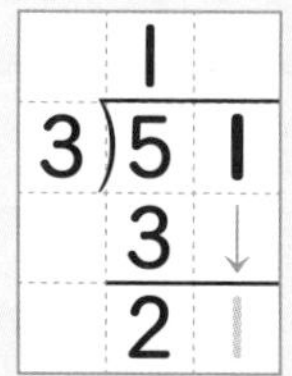

❹ 一の位の
1を**おろす**。

一の位の計算

❺ 21÷3=7
7を一の位に**たてる**。

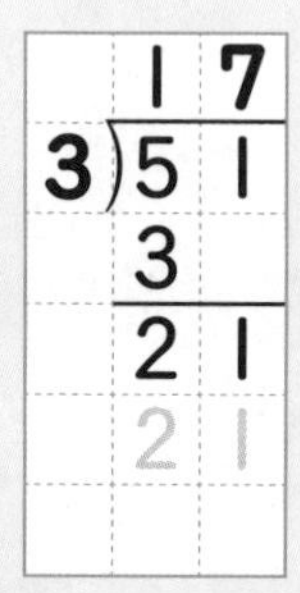

❻ 3と7を**かける**。

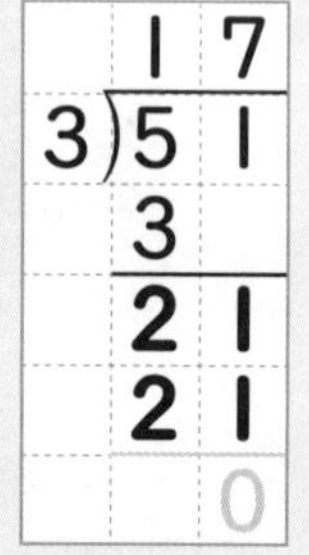

❼ 21から21を**ひく**。

2 筆算で計算をしましょう。

① 2)32

② 5)70

③ 4)92

2 ①16 ②14 ③23

3 筆算で計算をしましょう。

①
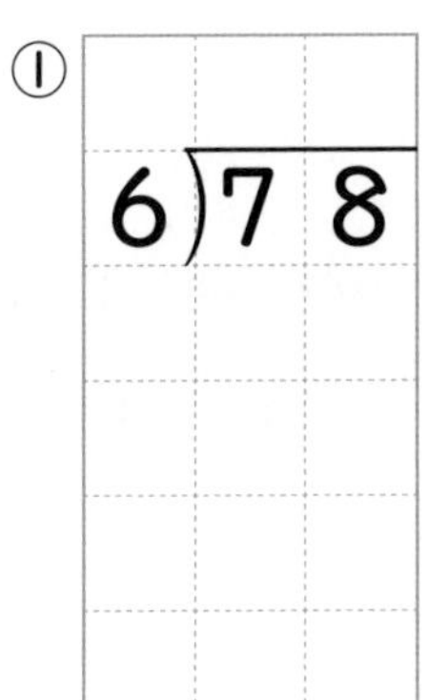

②
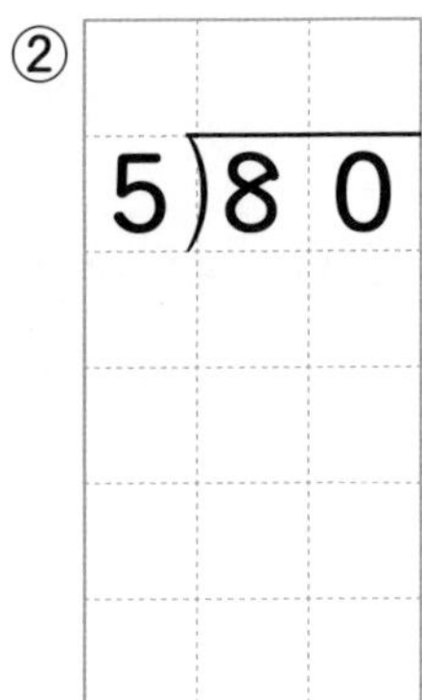

③

④ 2)56

⑤
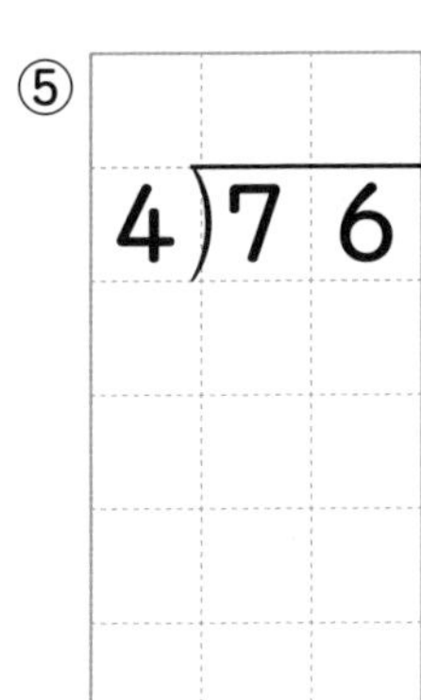

⑥

3 ①13 ②16 ③26 ④28 ⑤19 ⑥12

うんこ文章題にチャレンジ！ 1

岩のようにかたいうんこが91こあります。空手家7人に同じ数ずつけりこわしてもらいます。

1人何こずつけりこわせばよいですか。

筆算

式

答え ＿＿＿＿＿＿＿＿

式 91÷7=13 答え 13こ

C 次の文章の□に漢字を書きましょう。

「ぶりおのぼう険」①

作・うんこ田明

ぶりおが育ったのは、うんこ①□□（たいりく）の東の外れにある
小さな島の②□□（ぎょそん）。
めずらしいウンコヒツジがそこかしこで③□□（ほうぼく）されていて、
パイナップルに似たくだもの「うんこナップル」の④□□□（げんさんち）としても知られている島。
そんなのんびりした島でくらしていたぶりおを
ぼう険へと導いたきっかけは、一つのうんこでした。
ある夏の朝、
ぶりおが海辺の⑤□□（まつばやし）を
歩いているとき、
ぴかぴかと光る、銀のうんこを拾いました。
そのうんこには、
象形文字のようなものがきざまれていました。

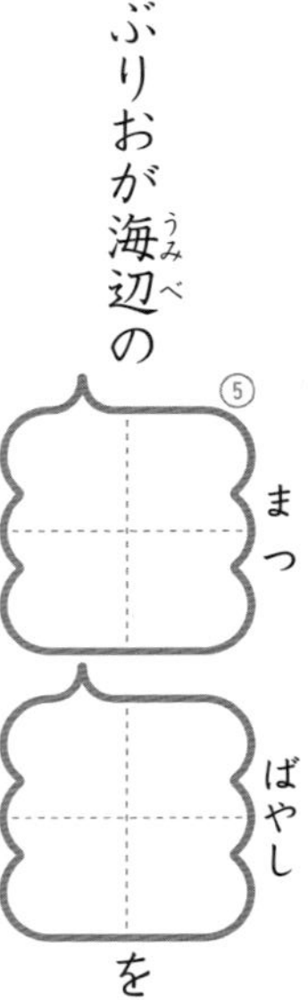

①大陸　②漁村　③放牧　④原産地　⑤松林

1

覚(おぼ)える漢字

季 牧 節 漁 候 陸 松 産

月　日

A [ ]に漢字の読みがなを書きましょう。

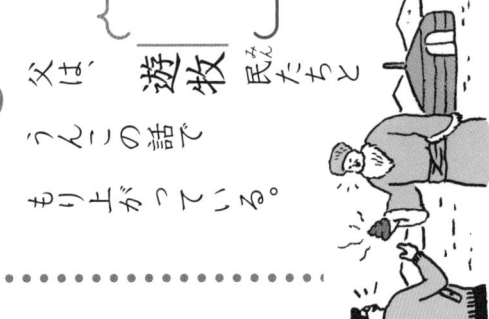

1 こちらの四つのうんこは、それぞれ**四季**をイメージしております。

2 **時候**のあいさつもなく、いきなりうんこの話が始まった。

3 「**大漁**」と書かれた旗(はた)を、うんこにつきさす。

4 馬の赤ちゃんが**産**まれるえい像(ぞう)を見ながら父がうんこをしていた。

5 父は、**遊牧**民(みん)たちとうんこの話でもり上がっている。

6 **苦節**二十年、やっとうんこが出た。

7 今日(きょう)は、**松葉**づえでうんこをとびこえる練習をしよう。

8 **陸上**にある全てのうんこを、一つにまとめるプロジェクト。

1 しき 2 じこう 3 たいりょう 4 う 5 ゆうぼく 6 くせつ 7 まつば 8 りくじょう

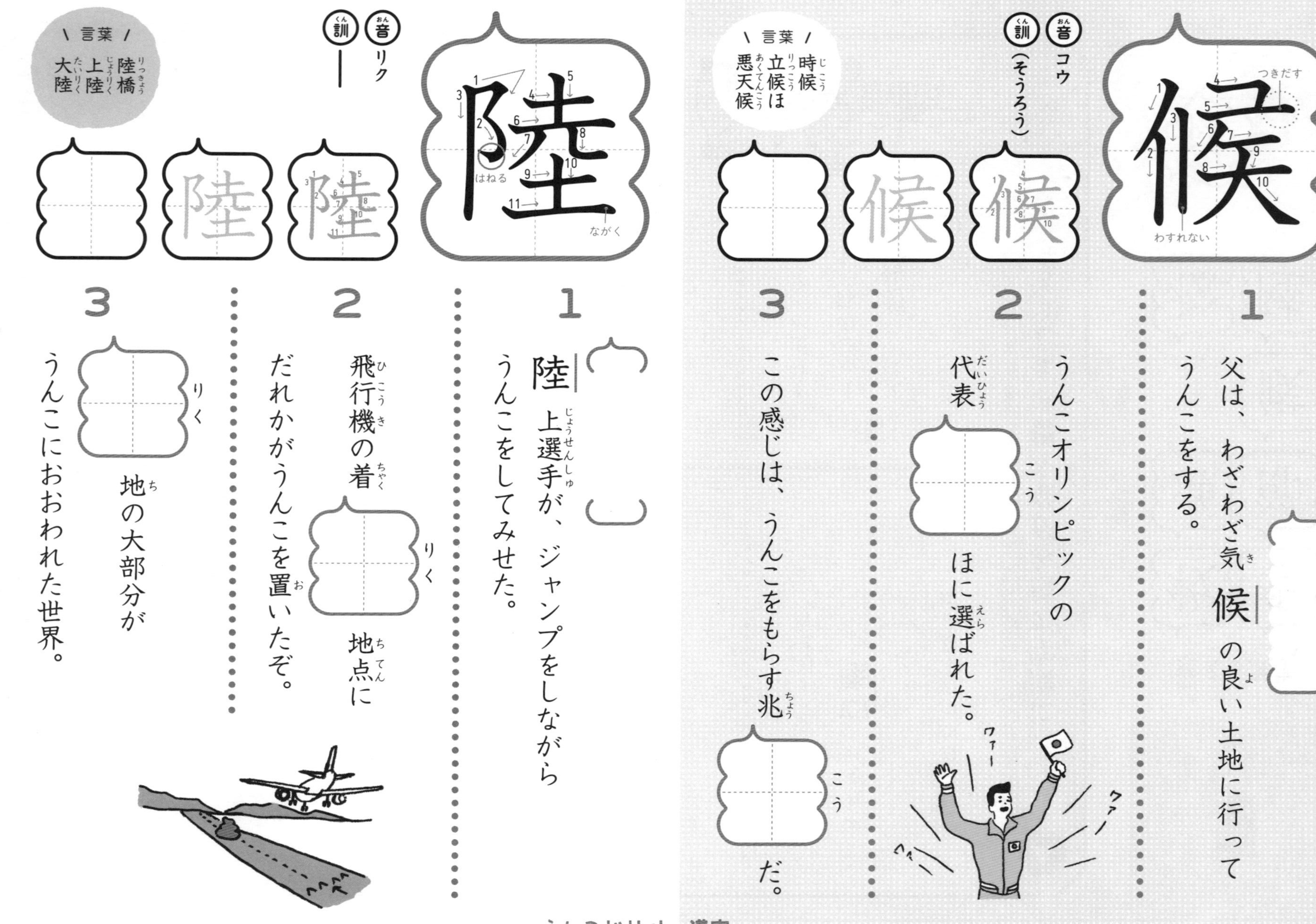

候

音 コウ
訓 （そうろう）

\ 言葉 /
時候（じこう）
立候ほ（りっこうほ）
悪天候（あくてんこう）

1 父は、わざわざ気（き）［　］の良（よ）い土地に行ってうんこをする。

2 うんこオリンピックの代表（だいひょう）［こう］ほに選（えら）ばれた。

3 この感じは、うんこをもらす兆（ちょう）［こう］だ。

陸

音 リク
訓 ―

\ 言葉 /
陸橋（りっきょう）
上陸（じょうりく）
大陸（たいりく）

1 ［　］上選手（じょうせんしゅ）が、ジャンプをしながらうんこをしてみせた。

2 飛行機（ひこうき）の着（ちゃく）［りく］地点（ちてん）に だれかがうんこを置（お）いたぞ。

3 ［りく］地（ち）の大部分が うんこにおおわれた世界。

候 1……こう 2 候 3 候　陸 1……りく 2 陸 3 陸

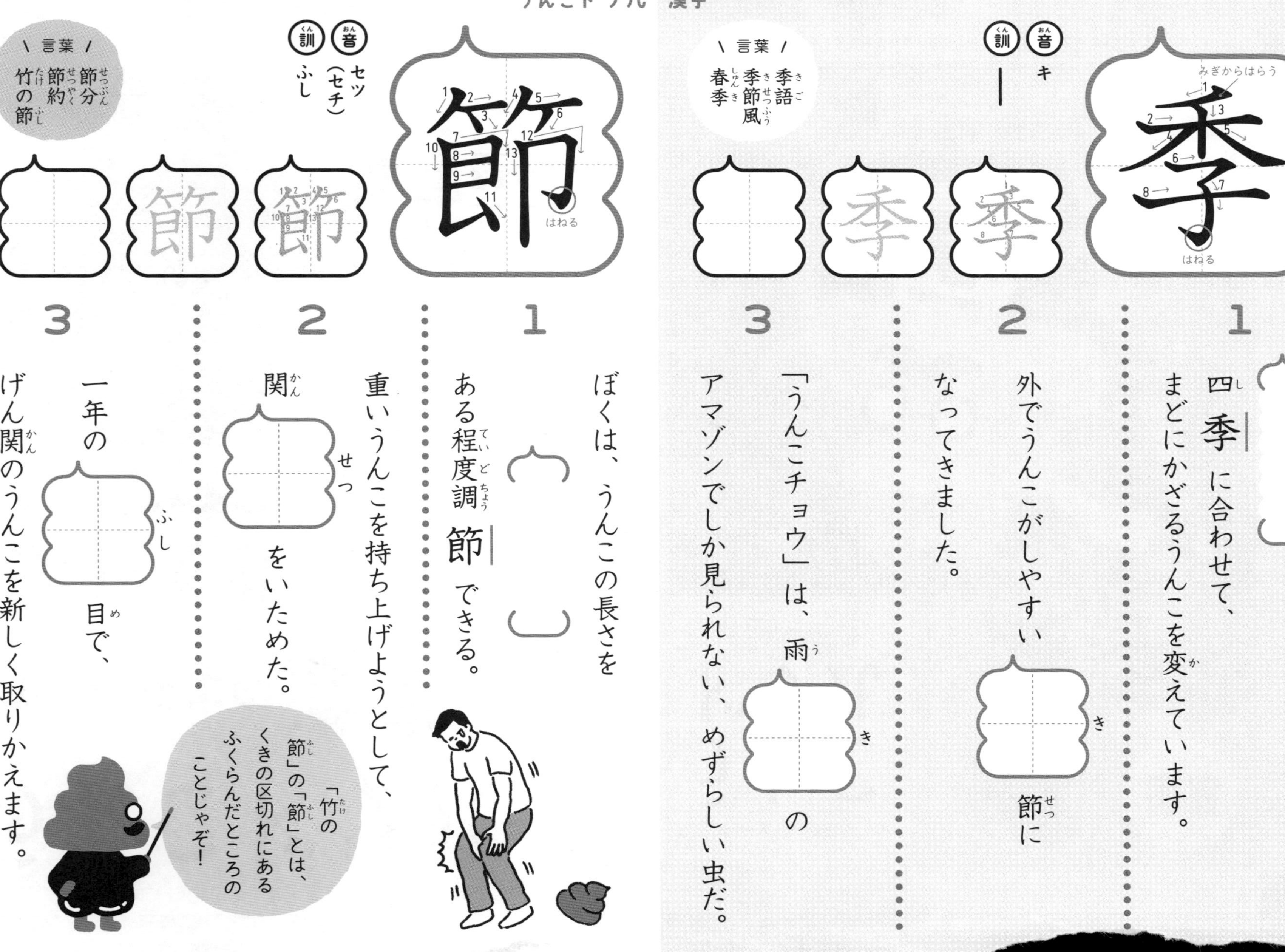

季

音　キ
訓　―

みぎからはらう
はねる

＼言葉／
季語（きご）
季節風（きせつふう）
春季（しゅんき）

1　四（し）季 に合わせて、まどにかざるうんこを変（か）えています。

2　外でうんこがしやすい（き）節（せつ）になってきました。

3　「うんこチョウ」は、雨（う）（き）のアマゾンでしか見られない、めずらしい虫だ。

節

音　セツ（セチ）
訓　ふし

はねる

＼言葉／
節分（せつぶん）
節約（せつやく）
竹（たけ）の節（ふし）

1　ぼくは、うんこの長さをある程度（ていど）調（ちょう）節 できる。

2　重いうんこを持ち上げようとして、関（かん）（せつ）をいためた。

3　一年の（ふし）目（め）で、げん関（かん）のうんこを新しく取りかえます。

季　1 き　2 季　3 季
節　1 せつ　2 節　3 節

うんこドリルで，4年生の漢字を楽しく先どり！

おためし
TRIAL BOOK

うんこドリル 漢字

定価1078円（本体980円＋税10%）

社会現象を巻き起こしたベストセラー話題作！新しいお勉強のかたちの元祖とも言えるドリルです。おもしろくてしっかり漢字が身につく，最強の1冊です。

うんこドリル 漢字 問題集編

定価1078円（本体980円＋税10%）

漢字の総復習も「うんこ」で解決！　うんこ例文の他に，読む力もつくうんこ長文や学力チェックテストも収録。漢字の定着が期待できます。

※書影やタイトルは予告なく変更させていただくことがございます。

小学3年生 うんこ総復習ドリル

算数・理科・社会 目次

国語は反対がわから始まるよ。

3年生の勉強は
しっかりと
身について
おるかのう？

「うんこ総復習ドリル」の
世界を旅しながら，
わしといっしょに
復習をしていくぞい！

たし算

学習日　　月　　日

1

ある月曜日の朝，通学路にうんこが356こならんでいました。火曜日の朝は，それより278こ多くならんでいました。火曜日の朝にならんでいたうんこは何こですか。

式

筆算

答え ＿＿＿＿＿＿＿＿

2

まん画『うんこクラッシャー我狼武』を読んでいます。
今，第745話まで読み終わりました。
あと459話のこっています。
『うんこクラッシャー我狼武』は，全何話のまん画ですか。

式

筆算

答え ＿＿＿＿＿＿＿＿

3

計算をしましょう。

①
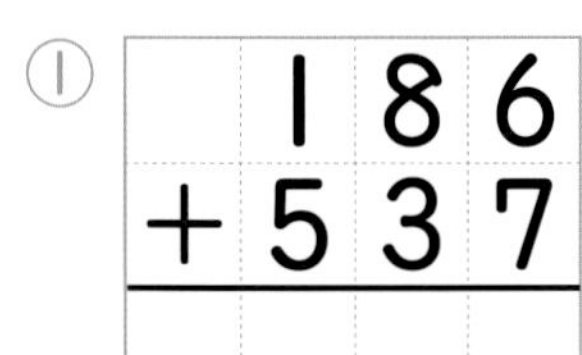

```
  186
+ 537
```

②

```
  709
+ 833
```

③

```
  1284
+ 2923
```

2
算数

ひき算

学習日
月
日

1 千代雲光は世界初のうんこ力士です。
これまでにやった取組は523回で，
負けた回数は186回です。
勝った回数は何回ですか。
（引き分けはありません。）

式

筆算

答え ________________

2 900円を持って，遠足のおやつを
買いに行きました。
しかし，ほしかったうんこがあったので，
645円使ってしまいました。
のこっているお金は何円ですか。

式

筆算

答え ________________

3 計算をしましょう。

①
	3	4	7
−	1	6	2

②
	8	0	5
−	4	2	9

③
	5	2	3	1
−	3	6	8	7

大きい数

1 次(つぎ)の数を数字で書きましょう。

① 校長先生がこれまでに集(あつ)めたうんこの数
…八万七千五百二こ

［　　　　　　］こ

② 校長先生がうんこを集めるのに使(つか)ったお金…六千四十七万九千百三円

［　　　　　　］円

③ 百万を7こ，一万を3こ，千を6こ，十を9こあわせた数

［　　　　　　］

2 下の数直線で，うんこがのっているところの目もりが表(あらわ)す数を書きましょう。

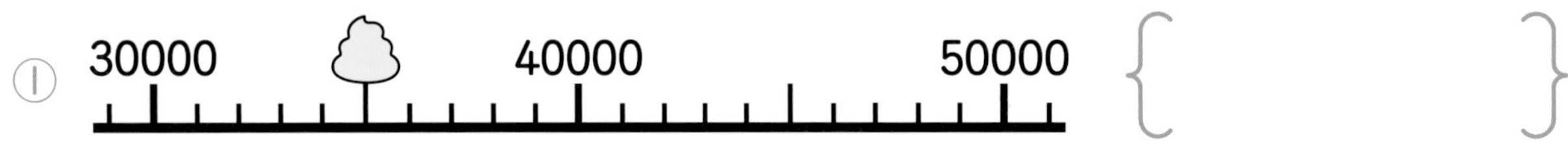

① 30000　40000　50000　［　　　　］

② 8000万　9000万　1億(おく)　［　　　　］

③ 9800万　9900万　1億　［　　　　］

3 □(うんこます)にあてはまる等号(とうごう)（＝），不等号(ふとうごう)（＞，＜）を書きましょう。

① 34500 □ 5430　② 80000 □ 50000＋40000

③ 30万＋20万 □ 50万　④ 700万 □ 1000万－200万

4
算数

時こくと時間

学習日
月
日

1 友だちと，午後4時50分から電話でうんこの話を始(はじ)めました。気づくと30分たっていたので，電話を切りました。電話を切ったときは，午後何時何分でしたか。

答え ＿＿＿＿＿＿＿＿

2 ビルの屋上(おくじょう)からロープで巨大(きょだい)うんこを下におろすと20分かかります。巨大うんこが地面(めん)に着(つ)いたとき，午前10時10分でした。午前何時何分におろし始めましたか。

答え ＿＿＿＿＿＿＿＿

3 次(つぎ)の時間をもとめましょう。

① 午前7時45分から午前8時10分までの時間 〔　　〕

② 午後1時40分から午後3時までの時間 〔　　〕

③ 午前11時30分から午後2時までの時間 〔　　〕

4 □(うんこます)にあてはまる数を書きましょう。

① 70秒(びょう)＝□分□秒　　② 1分55秒＝□秒

わり算❶

1 24まいのクッキーを，うんこをしているおじさん3人で同じ数ずつ分けます。
1人(ひとり)分は何まいになりますか。

式(しき)

答え ＿＿＿＿＿＿

2 「うんこみんなに配(くば)るマン」は今日(きょう)，駅(えき)前でリボンつきうんこを配ります。
12mのリボンを同じ長さずつに切って，6このうんこにまいて配るつもりです。
リボンは何mずつに切ればよいですか。

式

答え ＿＿＿＿＿＿

3 計算をしましょう。

① $8 \div 2$	② $12 \div 4$	③ $15 \div 3$
④ $16 \div 8$	⑤ $45 \div 5$	⑥ $48 \div 6$
⑦ $63 \div 9$	⑧ $28 \div 7$	⑨ $56 \div 8$
⑩ $40 \div 5$	⑪ $36 \div 9$	⑫ $30 \div 6$

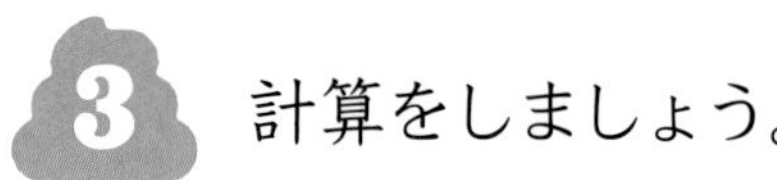

6
算数

わり算❷

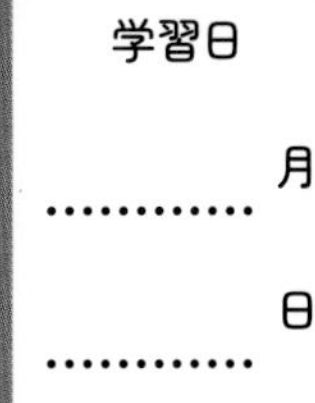

1 3年1組の児童の人数は28人です。
今から4人ずつのはんに分かれて，
外にうんこをさがしに行きます。
はんは何はんできますか。

式

答え ＿＿＿＿＿＿＿＿

2 父がねん土を使って，すごい速さで
うんこを作っています。
1こを7秒で作ることができます。
42秒では，何こ作れますか。

式

答え ＿＿＿＿＿＿＿＿

3 計算をしましょう。

① $3 \div 1$　② $8 \div 8$　③ $9 \div 1$

④ $0 \div 2$　⑤ $5 \div 5$　⑥ $0 \div 4$

⑦ $7 \div 1$　⑧ $0 \div 1$　⑨ $6 \div 6$

4 わり算の答えのたしかめをしています。□にあてはまる数を書きましょう。

$72 \div 9 = 8$　**たしかめ** $9 \times \square = \square$

7
算数

あまりのあるわり算 ❶

学習日
月
日

1 うんこを8こ持(も)っていくと
ザリガニを1ぴきくれるおじさんがいます。
うんこを34こ持っているたつきくんは
ザリガニを何びきもらえて,
うんこは何こあまりますか。

式(しき)

答え　　もらえて,　　あまる。

2 39色のクレヨンを5人で同じ数ずつ分けて,
うんこの絵をかきます。
クレヨンを1人(ひとり)何色使(つか)えて, 何色
あまりますか。

式

答え　　使えて,　　あまる。

3 計算をして, あまりももとめましょう。

① $7 \div 3$　　② $17 \div 2$

③ $45 \div 7$　　④ $22 \div 4$

⑤ $29 \div 6$　　⑥ $70 \div 9$

8 算数

あまりのあるわり算 ❷

学習日　　月　　日

1 大きめのうんこがいくつかあります。
1このうんこに子どもが4人ずつすわれます。
31人の子どもがみんなすわるには，
大きめのうんこが何こあればよいですか。

式

答え ＿＿＿＿＿＿

2 うんこを3こ持っていくとリスを1ぴきくれるおばさんがいます。
うんこを20こ持っているしのぶさんは，
リスを何びきもらえますか。

式

答え ＿＿＿＿＿＿

3 ミイラを56体見つけました。うんこ1こで6体のミイラを目ざめさせることができます。
全部のミイラを目ざめさせるには，
うんこが何こあればよいですか。

式

答え ＿＿＿＿＿＿

4 わり算の答えのたしかめをしています。□(うんこます)にあてはまる数を書きましょう。

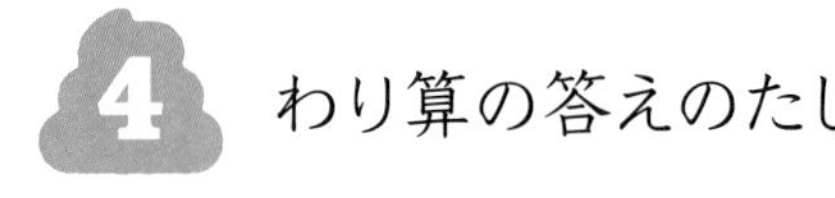

61÷7＝8あまり5

たしかめ　7×□＋□＝61

大きい数のわり算／倍(ばい)の計算

学習日 ……… 月 ……… 日

1 ノートを42さつもらいました。
日記用と，うんこの絵をかく用で，
同じ数ずつ使(つか)うことにします。
うんこの絵をかく用のノートは
何さつになりますか。

式(しき)

答え ＿＿＿＿＿＿＿＿

2 ランドセルにつけておいた長さ9cmのうんこが，
だれかが引っぱったので長さ27cmに
のびていました。
うんこの長さは何倍(ばい)にのびましたか。

式

答え ＿＿＿＿＿＿＿＿

3 計算をしましょう。

① 60÷2　② 40÷4　③ 90÷3

④ 55÷5　⑤ 88÷8　⑥ 24÷2

⑦ 39÷3　⑧ 84÷4　⑨ 99÷3

⑩ 44÷2　⑪ 69÷3　⑫ 82÷2

10 算数

長さ

学習日 月 日

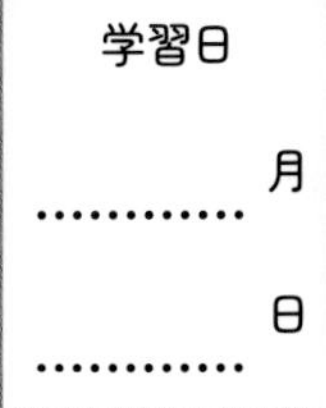

1 うんこボーイが，800m先にあるブリブリドラゴンの城に向かってとんでいます。しかし，ブリブリドラゴンはそこから500m先の公園にいます。うんこボーイが城を通って公園に着くまでにとべばよい道のりは何mですか。また，何km何mですか。

800m　500m

式

答え ＿＿＿＿＿＿＿＿

2 長さ2kmのうんこがあります。はしっこに火をつけると少しずつもえていき，これまでに1km400mもえました。あと何mのこっていますか。

式

答え ＿＿＿＿＿＿＿＿

3 □（うんこます）にあてはまる数を書きましょう。

① 7km＝□m　② 3km947m＝□m

③ 4300m＝□km□m

重(おも)さ

学習日 月 日

1 右手で重(おも)さ5kgのネコを，
左手で重さ7kgのうんこをだいています。
両(りょう)方あわせて何kgですか。

式(しき)

答え ______

2 重さ400gの入れ物(もの)に
先生のうんこを入れて重さをはかったら，
1kg700gありました。
入れ物に入れた先生のうんこの重さは
何kg何gですか。

式

答え ______

3 □(うんこます)にあてはまる数を書きましょう。

① 5kg=□g

② 7020g=□kg□g

③ 3t=□kg

④ 6kg108g=□g

⑤ 8560kg=□t□kg

12
算数

何十，何百のかけ算

学習日
月
日

1 「ダイナミックうんこボール」は，
1チーム30人で行うスポーツです。
「ダイナミックうんこボール」のチームを
7チーム作るには，何人ひつようですか。

式

答え ＿＿＿＿＿＿

2 父のうんこを1こ山においておくと，
400羽のクジャクが集まります。
父のうんこ5こで，
クジャクは何羽集められますか。

式

答え ＿＿＿＿＿＿

3 計算をしましょう。

① 30×3　② 50×4　③ 20×7

④ 60×8　⑤ 90×9　⑥ 200×4

⑦ 300×5　⑧ 800×2

⑨ 500×6　⑩ 600×9

かけ算❶

学習日 ……………月 ……………日

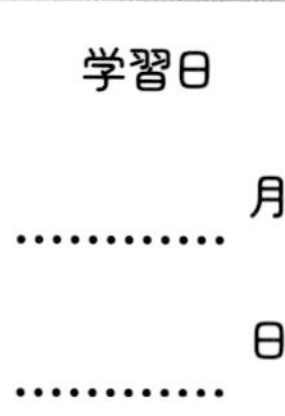

1 うんこをタケノコ風にしたものを
毎日山に植(う)えます。
1日に57本，8日間つづけて植えました。
全部(ぜんぶ)で何本植えましたか。

式(しき)

筆算(ひっ)

答え ＿＿＿＿＿＿＿＿

2 うんこがもれそうなとき，
「うんこもれそうな人助(たす)けるマン」をよぶと，
1回750円で助けに来てくれます。
「うんこもれそうな人助けるマン」を5回よぶと
何円かかりますか。

式

筆算

答え ＿＿＿＿＿＿＿＿

3 計算をしましょう。

① $\begin{array}{r} 36 \\ \times \quad 4 \\ \hline \end{array}$

② $\begin{array}{r} 48 \\ \times \quad 7 \\ \hline \end{array}$

③ $\begin{array}{r} 528 \\ \times \quad 3 \\ \hline \end{array}$

④ $\begin{array}{r} 467 \\ \times \quad 9 \\ \hline \end{array}$

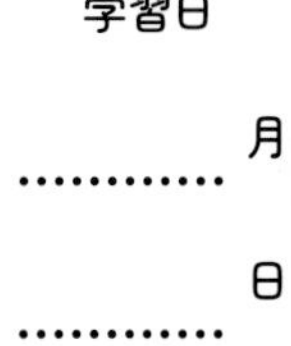

14 算数

かけ算❷

学習日 ……… 月 ……… 日

1 28こずつのうんこをまきちらしながら，95ひきのカエルがとんでいます。まきちらされたうんこは全部で何こですか。

式

筆算

答え ＿＿＿＿＿＿＿＿

2 「女神のうんこ」 1こを全身にぬるとじゅみょうが643年のびます。「女神のうんこ」を26こぬると，何年じゅみょうがのびますか。

式

筆算

答え ＿＿＿＿＿＿＿＿

3 計算をしましょう。

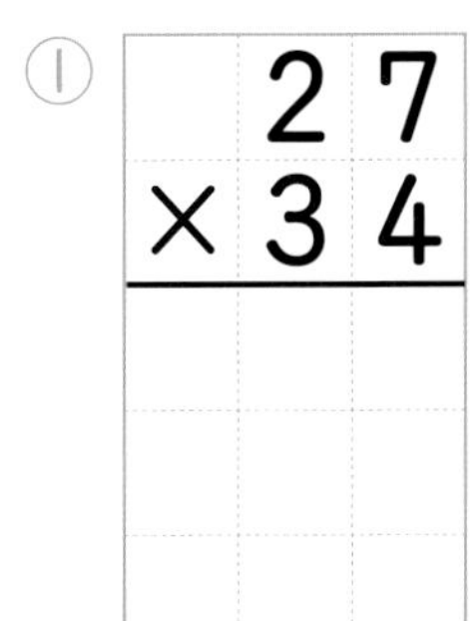

① 27 × 34

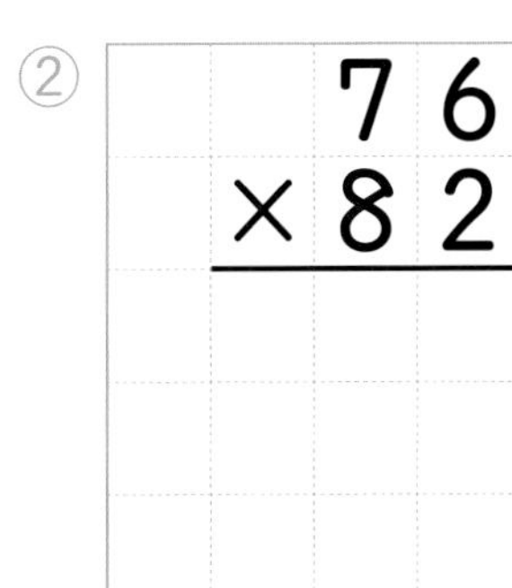

② 76 × 82

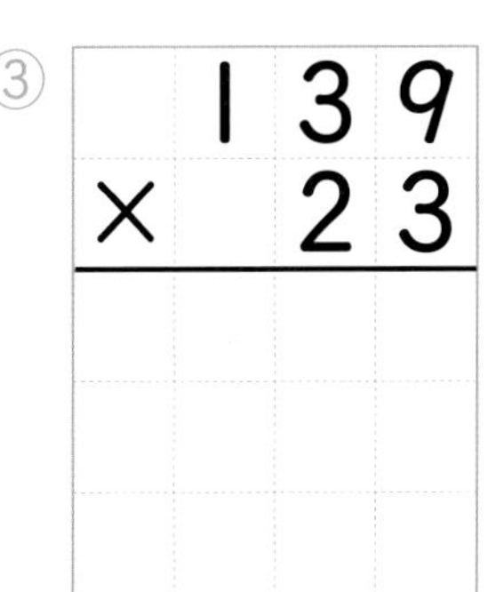

③ 139 × 23

④ 508 × 74

円と球(きゅう)

1 次(つぎ)の問題(もんだい)に答えましょう。

① 半径(はんけい)が3cmの円の直径(ちょっけい)は何cmですか。 （　　　　）

② 直径が8cmの円の半径は何cmですか。 （　　　　）

③ 半径が7cmの球(きゅう)の直径は何cmですか。 （　　　　）

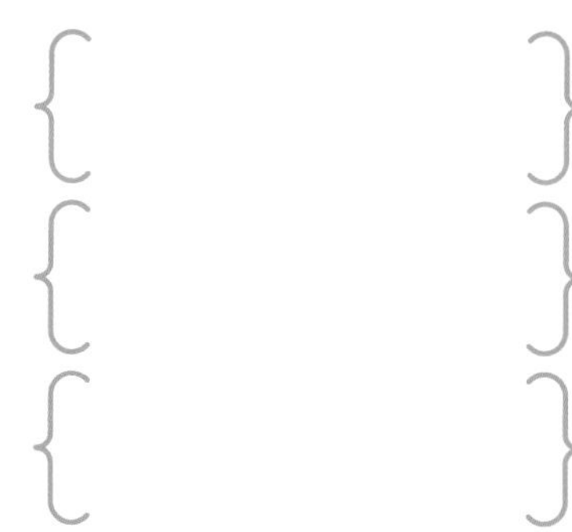

2

大きい円と小さい円が
右の図のようになっています。
小さい円の直径は何cmですか。

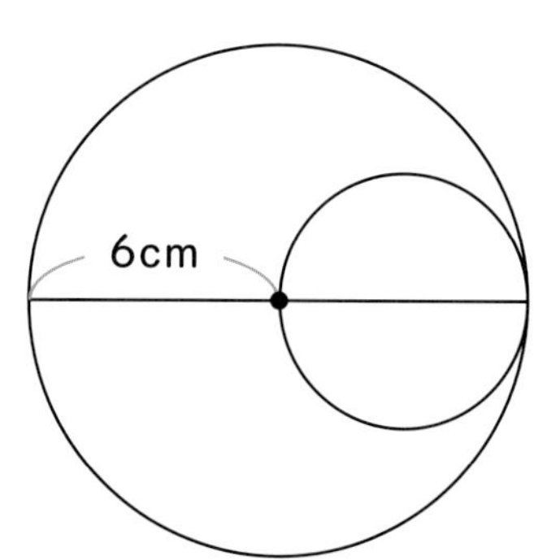

答え ＿＿＿＿＿＿＿＿

3

右の図のように，半径が同じ長さの円の
中心にうんこがおかれています。
うんことうんこの間が60cmのとき，
円の半径は何cmですか。

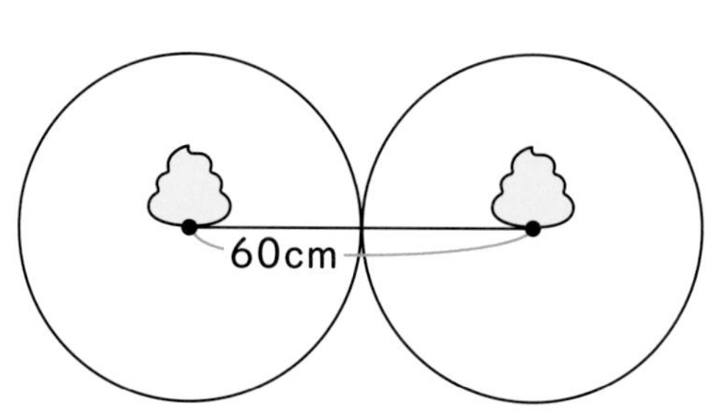

答え ＿＿＿＿＿＿＿＿

4

うんこが入った同じ大きさの球のカプセル4こが，
右の図のように箱(はこ)にぴったり入っています。
カプセル1この直径は何cmですか。

式(しき)

答え ＿＿＿＿＿＿＿＿

三角形と角

学習日 ……………月 ……………日

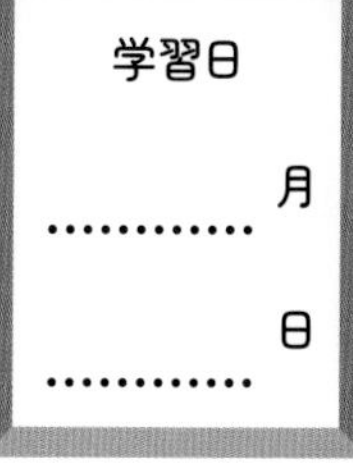

1 コンパスを使って，下の形の中から二等辺三角形と正三角形を2つずつえらんで，記号を書きましょう。

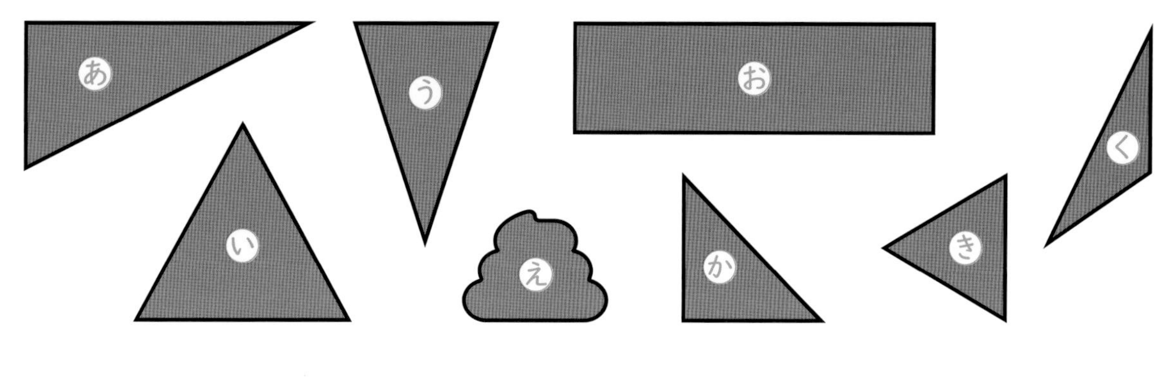

二等辺三角形｛　　　　　｝　正三角形｛　　　　　｝

2 うんこを二等辺三角形や正三角形でかこみました。次の問題に答えましょう。

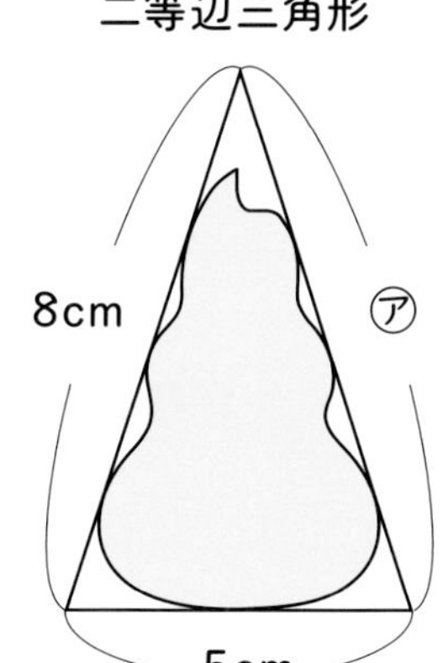

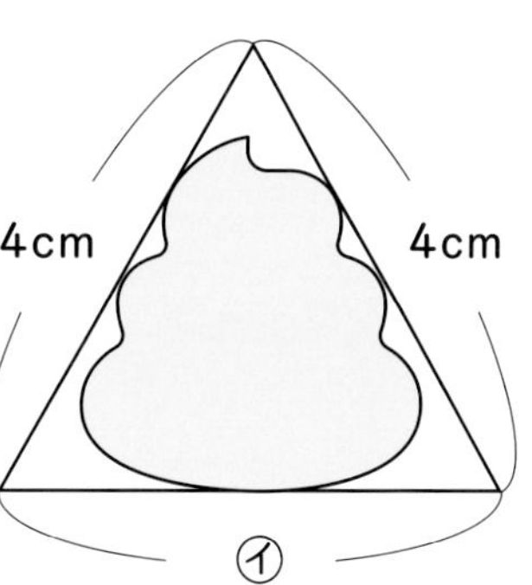

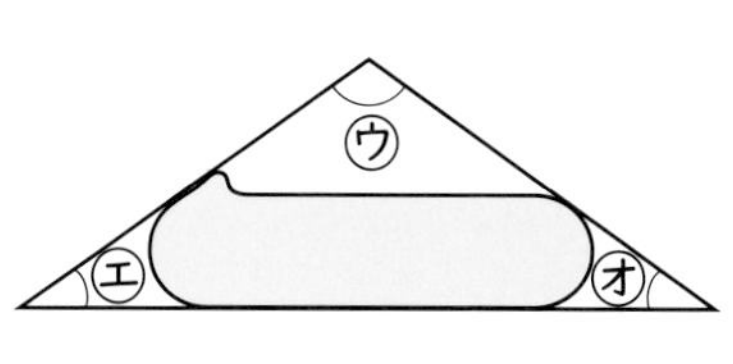

① ア，イの長さは何cmですか。　ア｛　　　｝　イ｛　　　｝

② ウ，エ，オの角の大きさについて，合っているもの1つに○をつけましょう。

｛　　｝エとオの角の大きさが同じで，ウの角よりも大きい。

｛　　｝ウ，エ，オのすべての角の大きさが同じ。

｛　　｝エとオの角の大きさが同じで，ウの角よりも小さい。

｛　　｝ウ，エ，オのすべての角の大きさがちがう。

小数のしくみ

1 ものさしを見て，うんこの長さを小数で表しましょう。

①

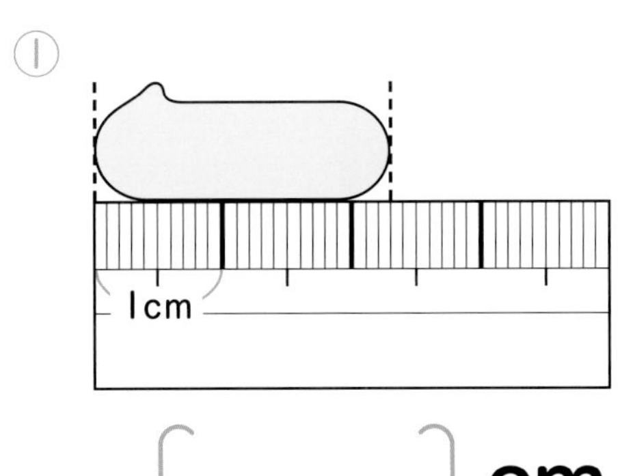

{　　　} cm

②

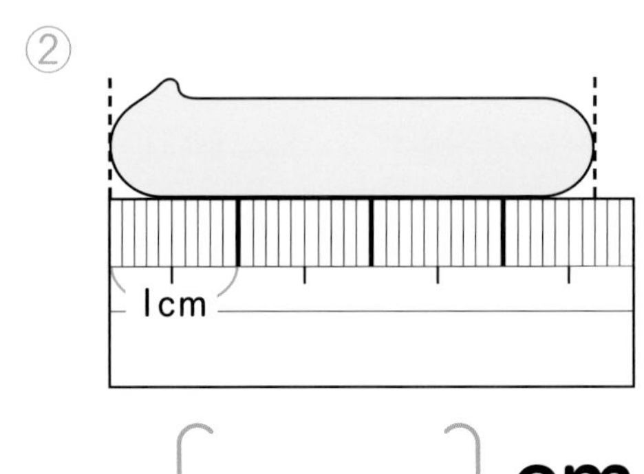

{　　　} cm

2 次の数を書きましょう。

① 2と0.7を あわせた数 {　　　}

② 1を3こと，0.1を4こあわせた数 {　　　}

③ 0.1を68こ集めた数 {　　　}

3 □にあてはまる数を書きましょう。

① 6dL=□L

② 5.9cm=□cm□mm

③ 450cm=□m

④ 1.9kg=□kg□g

4 □にあてはまる不等号（>，<）を書きましょう。

① 0.6□0.7

② 0.6□1.6

③ 1□0.4

④ 0.9□9

⑤ 2.2□2

⑥ 8.7□7.8

18
算数

小数のたし算とひき算

学習日
月
日

1 おじいちゃんは，うんこを植(うえ)木ばちに入れて，朝1.3L，夜2.9Lの水をかけています。あわせて1日に何Lの水をうんこにかけていますか。

式(しき)

筆(ひっ)算

答え ＿＿＿＿＿＿＿＿

2 「うんこみんなに配(くば)るマン」が，うんこのかたまりをちぎって配っています。さいしょに用意(い)してあったかたまり5kgが，1.6kgまでへりました。配ったうんこは何kgですか。

式

筆算

答え ＿＿＿＿＿＿＿＿

3 計算をしましょう。

① 3.7+0.5

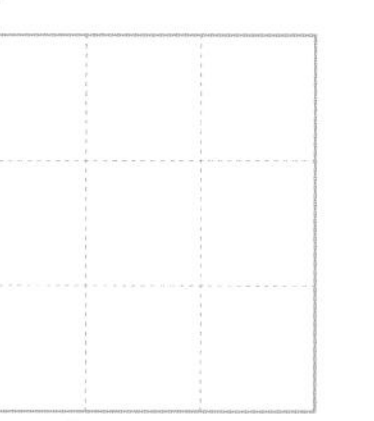

② 5.4+1.6

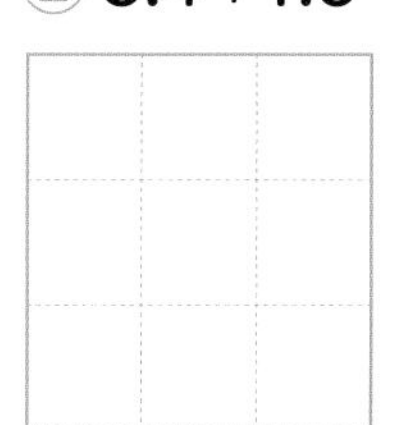

③ 4.2−2.8

④ 9.3−6.3

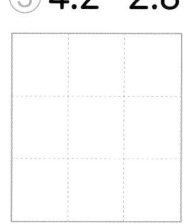

19 算数

分数のしくみ

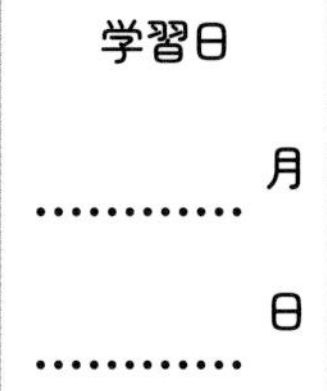

1 次のうち，$\frac{3}{4}$mのうんこをすべてえらんで，○をつけましょう。

① ｛　　｝

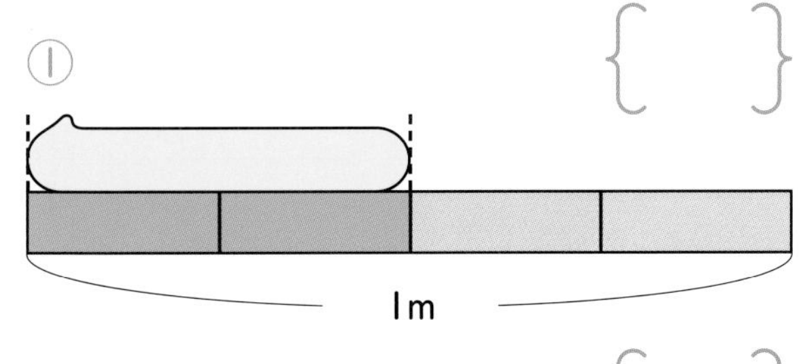

② ｛　　｝

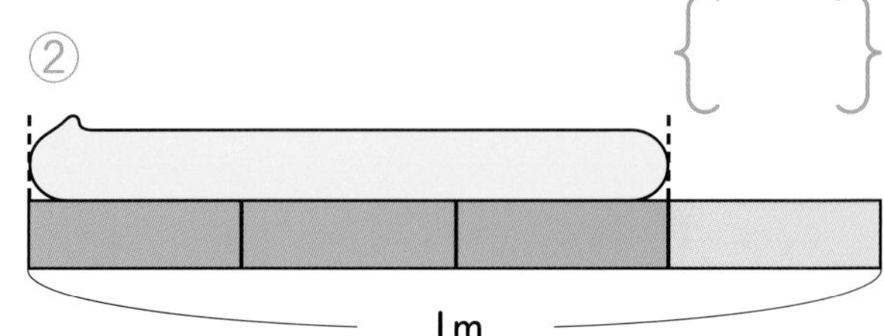

③ ｛　　｝

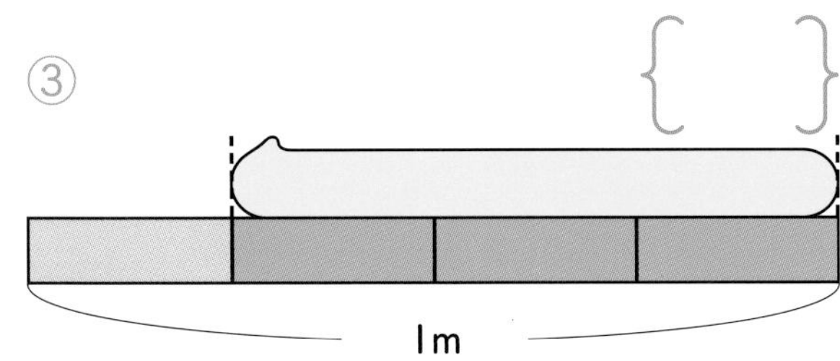

④ ｛　　｝

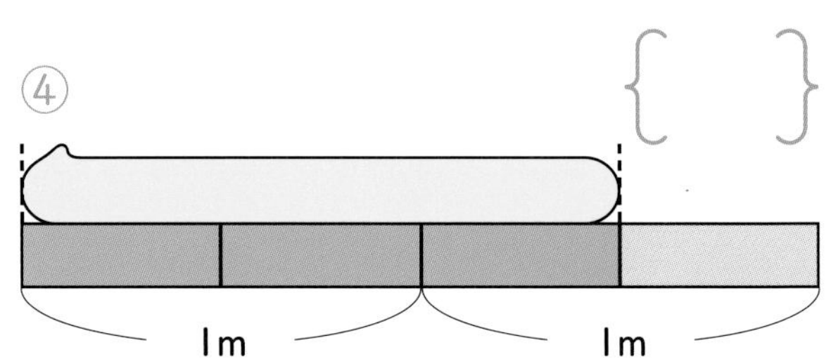

2 次の水のりょうを分数で表しましょう。

①

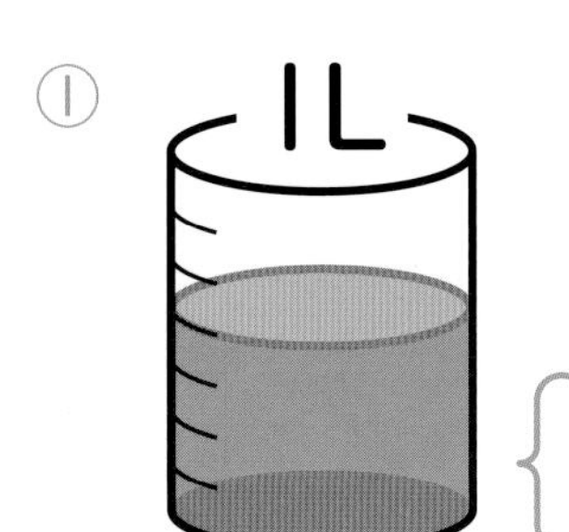

｛　　｝L

②

｛　　｝L

3 うんこますにあてはまる等号（＝），不等号（＞，＜）を書きましょう。

① $\frac{1}{5}$ ［　］ $\frac{3}{5}$　② $\frac{7}{9}$ ［　］ $\frac{4}{9}$　③ 1 ［　］ $\frac{6}{6}$　④ $\frac{3}{2}$ ［　］ 1

4 下の数直線のうんこに入る数を，小数と分数で答えましょう。

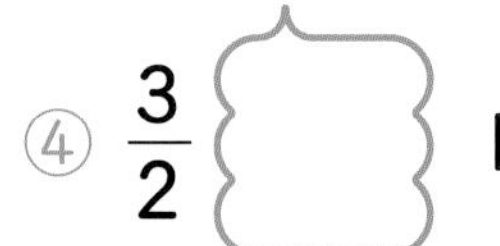

0　①　②　1

① 小数｛　　｝，分数｛　　｝

② 小数｛　　｝，分数｛　　｝

20 算数

分数のたし算とひき算

学習日 月 日

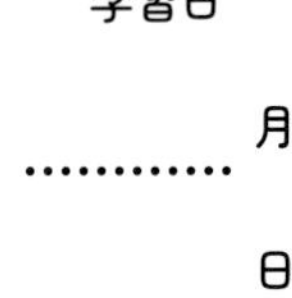

1 アリが，重さ$\frac{2}{5}$gのクッキーのかけらと重さ$\frac{1}{5}$gのうんこのかけらをいっしょに持ち上げました。あわせて何g持ち上げましたか。

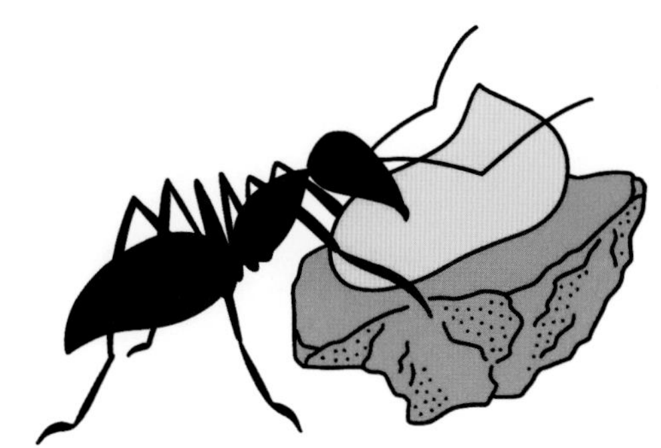

式

答え ＿＿＿＿＿＿

2 うんこをろう下のかべにはりつけておくように先生にたのまれました。ガムテープ$\frac{7}{9}$mのうち，$\frac{5}{9}$m使ってはりつけました。のこったガムテープは何mですか。

式

答え ＿＿＿＿＿＿

3 計算をしましょう。

① $\frac{1}{3}+\frac{1}{3}$　② $\frac{3}{7}+\frac{2}{7}$　③ $\frac{4}{9}+\frac{1}{9}$

④ $\frac{1}{2}+\frac{1}{2}$　⑤ $\frac{2}{5}-\frac{1}{5}$　⑥ $\frac{6}{7}-\frac{3}{7}$

⑦ $\frac{10}{11}-\frac{7}{11}$　⑧ $1-\frac{3}{4}$　⑨ $1-\frac{3}{8}$

21
算数

ぼうグラフと表

学習日
……月
……日

1 下のグラフは，３年生ですきなうんこまん画は何かを調べて，表にまとめたものです。次の問題に答えましょう。

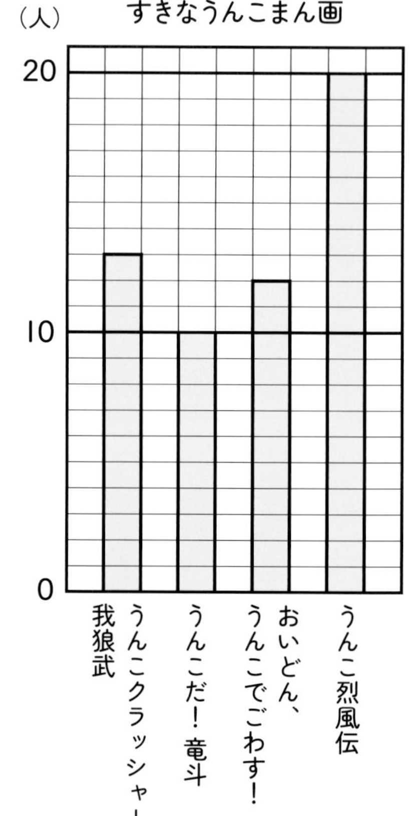

① １目もりは何人を表していますか。 ｛　　　｝

②『うんこだ！竜斗』がすきな人は何人いますか。 ｛　　　｝

③『うんこクラッシャー我狼武』がすきな人と『うんこ烈風伝』がすきな人のちがいは何人ですか。 ｛　　　｝

2 下の表は，うんこを見つけた場所ときせつをまとめたものです。次の問題に答えましょう。

うんこを見つけた場所ときせつ

（こ）

きせつ／場所	春	夏	秋	冬	合計
教室	2	2	12	4	20
校庭	6	7	10	5	28
体育館	12	5	13	9	39
グラウンド	3	2	9	2	16
合計	23	16	44	20	あ

① 夏に見つけたうんこは何こですか。 ｛　　　｝

② １年間に校庭で見つけたうんこは何こですか。 ｛　　　｝

③ あに入る数を書きましょう。 ｛　　　｝

④ うんこをいちばん多く見つけたのは，どのきせつの，どの場所ですか。

きせつ ｛　　　｝　場所 ｛　　　｝

22 算数

□を使った式

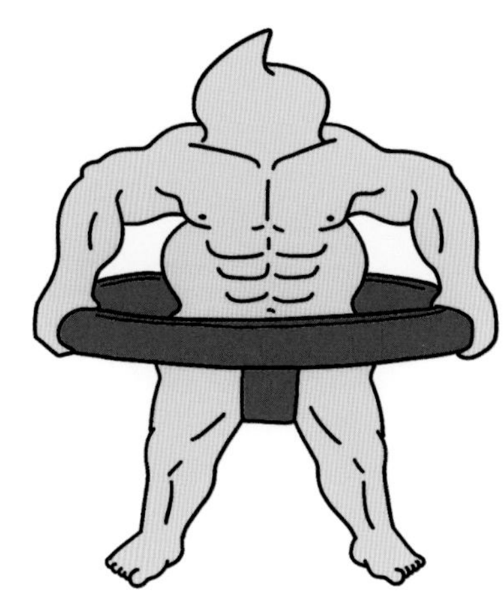

1 うんこ力士の千代雲光はダイエットをして56kgも体重がへり，73kgになりました。はじめの体重は何kgでしたか。はじめの体重を□として式に書き，答えをもとめましょう。

式

答え ＿＿＿＿＿＿＿＿

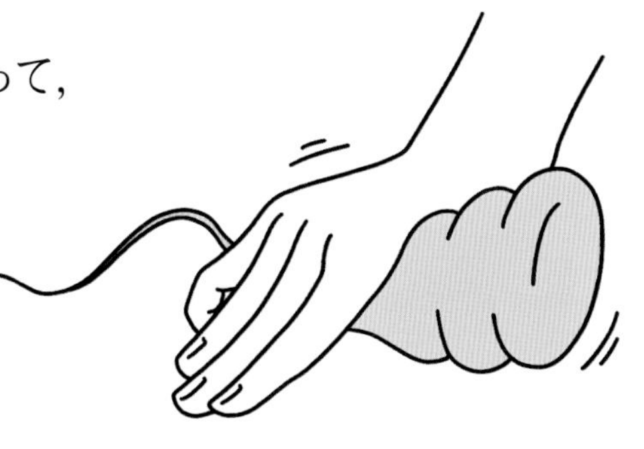

2 うんこ1こを細く長くのばしていくと6mのうんこ糸が作れます。うんこを何こか使って，あわせて48mのうんこ糸ができました。うんこを何こ使いましたか。うんこの数を□として式に書き，答えをもとめましょう。

式

答え ＿＿＿＿＿＿＿＿

3 次の□にあてはまる数をもとめて，（うんこます）に書きましょう。

① □＋24＝56　□＝

② □－19＝67　□＝

③ 4×□＝28　□＝

④ □÷5＝9　□＝

生きもののつくり／太陽とかげ

学習日　月　日

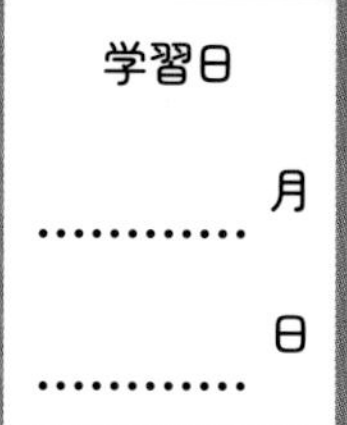

1 ㋐～㋕の部分の名前を書きましょう。

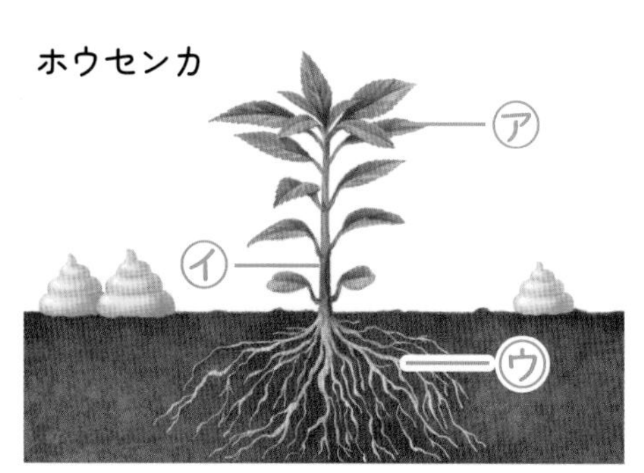

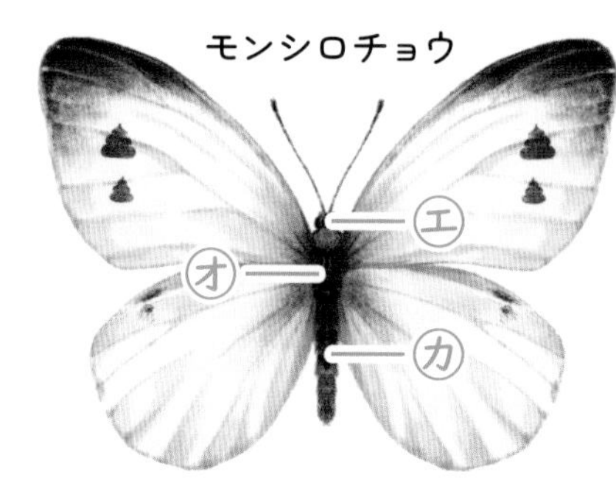

㋐｛　　　｝
㋑｛　　　｝
㋒｛　　　｝

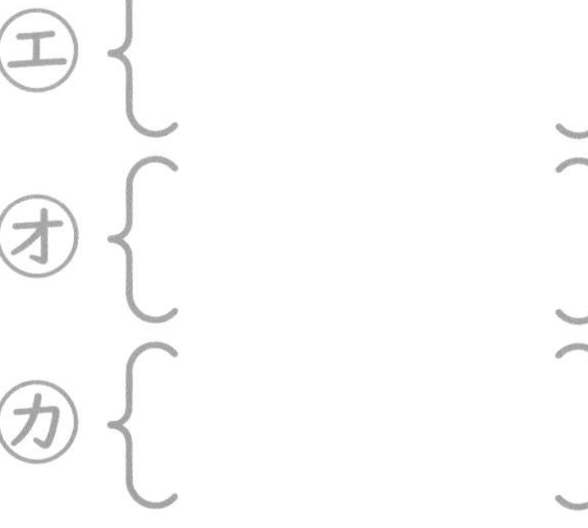

㋓｛　　　｝
㋔｛　　　｝
㋕｛　　　｝

2 太陽の見えるいちと，校庭にあるうんこのかげについて調べます。

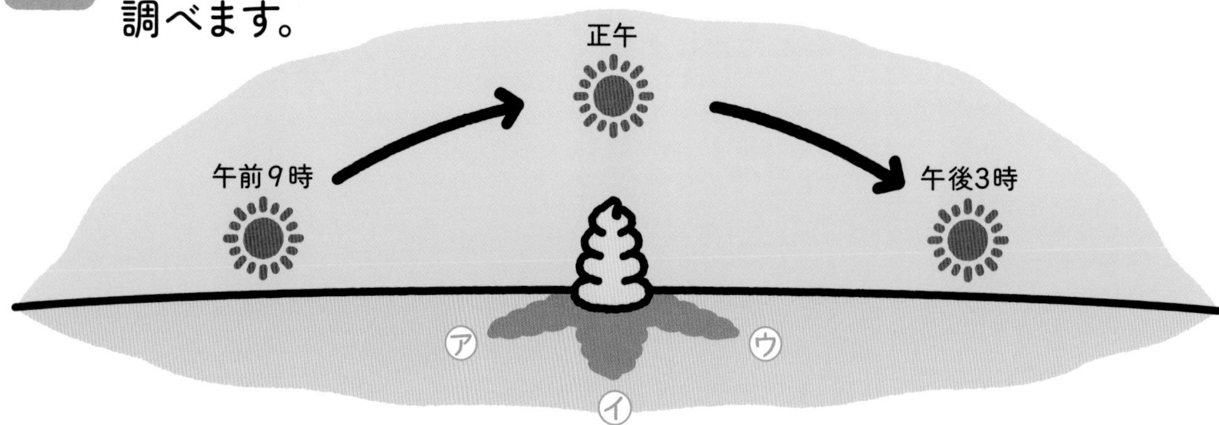

① それぞれの時こくに，うんこのかげはどこに見えますか。㋐～㋒で答えましょう。

午前9時｛　　｝　午後3時｛　　｝

② 太陽の見えるいちは，どのようにかわりますか。次の文の中の［うんこます］に，東・西・南・北のうち，あてはまるものを書きましょう。

▶ 太陽は［　　］から出て，［　　］の空を通り，［　　］にしずむように見える。

電気の明かり／じしゃく

学習日　月　日

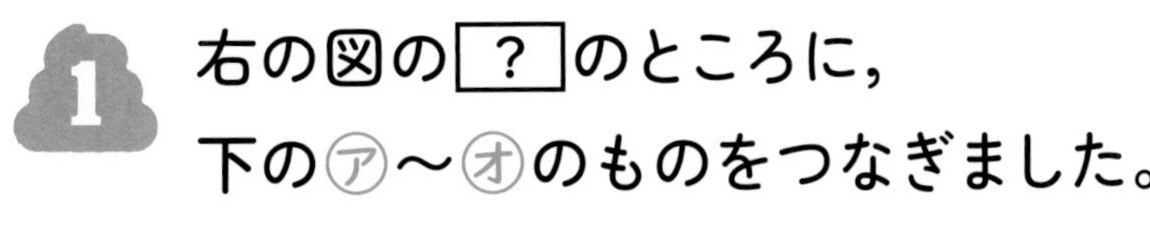

1 右の図の ? のところに，下の㋐～㋔のものをつなぎました。

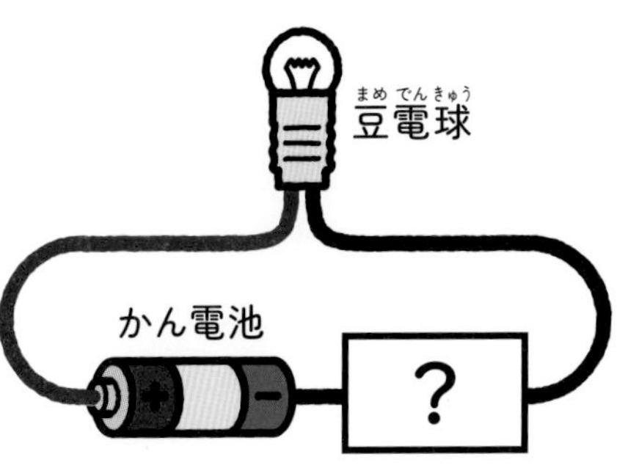

㋐ 
わりばし（木）

㋑ 
くぎ（鉄）

㋒ 
下じき（プラスチック）

㋓ 
うんこ

㋔ 

10円玉（どう）

① ㋐～㋔のどれをつないだときに，豆電球の明かりがつきますか。2つえらんで｛　｝に書きましょう。｛　　｝

② ①から，電気を通すのはどんなものといえますか。｛　　｝

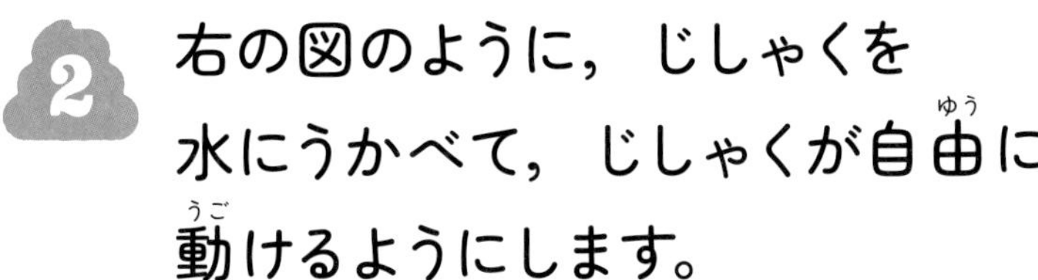

2 右の図のように，じしゃくを水にうかべて，じしゃくが自由に動けるようにします。

① じしゃくの動きが止まったとき，Nきょくは東・西・南・北のどの方いを向いていますか。｛　　｝

② 下の㋐～㋔のうち，じしゃくにつくものはどれですか。1つえらんで｛　｝に書きましょう。｛　　｝

㋐ 
わりばし（木）

㋑ くぎ（鉄）

㋒ 
下じき（プラスチック）

㋓ 
うんこ

㋔ 

10円玉（どう）

わたしのまち

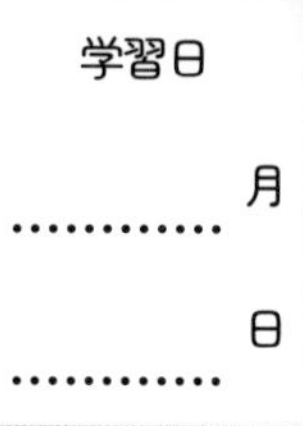

下の絵地図を見て，問題に答えましょう。

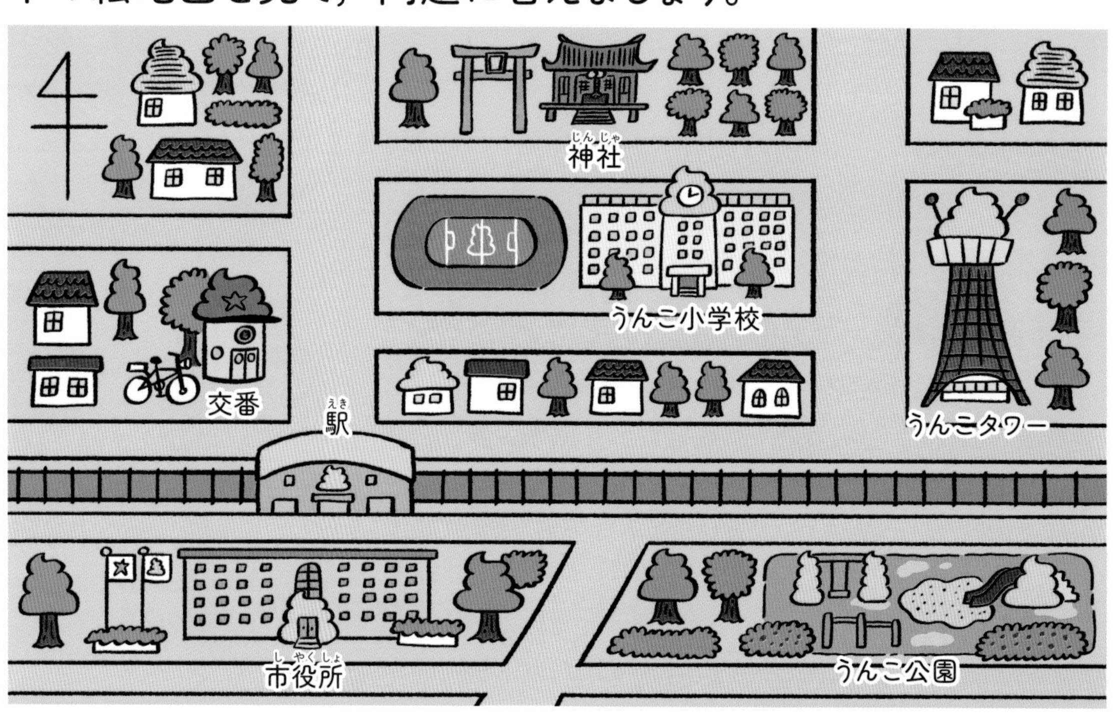

① 上の絵地図の卍は，何を表していますか。 〔　　　〕

② 市役所の東がわにあるのは，何ですか。 〔　　　〕

③ うんこタワーは，うんこ小学校から見て東・西・南・北のどこにありますか。 〔　　　〕

④ 下の地図記号は何を表していますか。絵地図からさがして書きましょう。

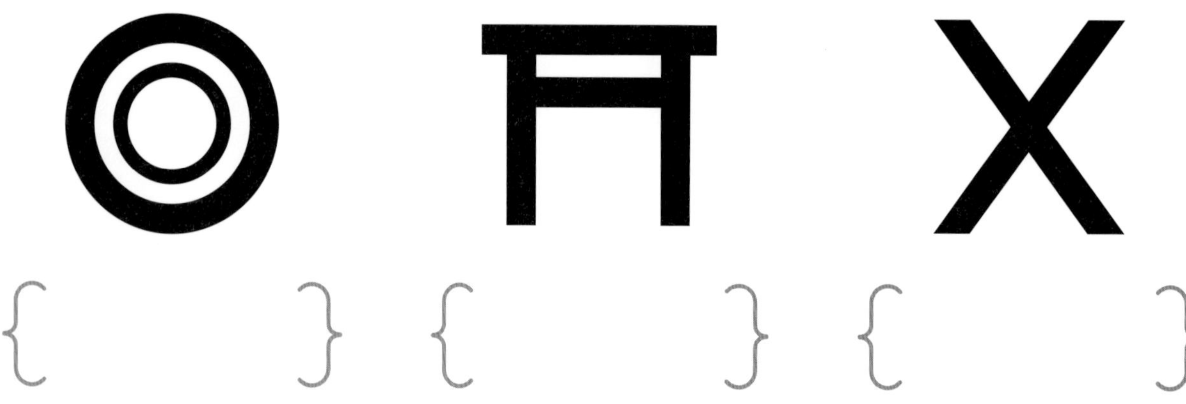

くらしを守るはたらき

学習日
…………月
…………日

1 下の火事を消すしくみの図を見て，問題に答えましょう。

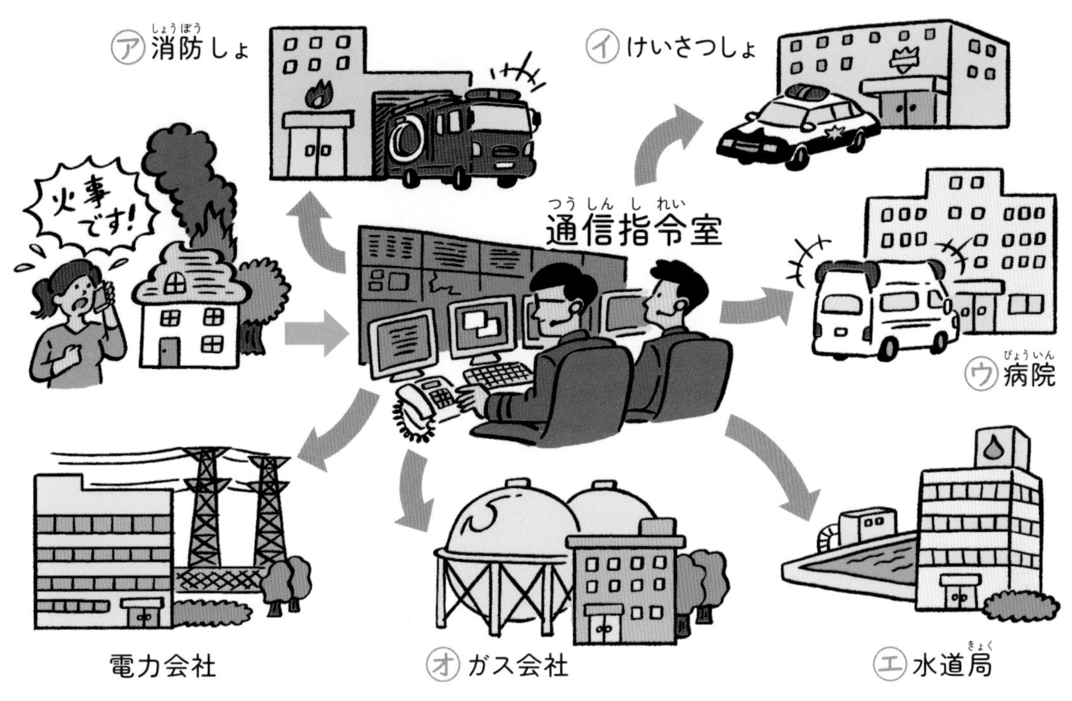

① 火事を知らせるために119番に電話をかけると，どこにつながりますか。 ｛　　　　　｝

② 119番のれんらくを受けると，①のところは，次のようなれんらくを，どこにしますか。㋐～㋔からえらんで書きましょう。あてはまるものがないときは，×を書きましょう。

- ▶ 消防車を，火事の現場に出動させてください。 ｛　　｝
- ▶ うんこを持って集まってください。 ｛　　｝
- ▶ 火を消すための水が出るよう，水圧を上げてください。 ｛　　｝
- ▶ 火事の現場近くで，交通整理をしてください。 ｛　　｝
- ▶ けがをした人を受け入れるじゅんびをしてください。 ｛　　｝
- ▶ うんこをするじゅんびをしてください。 ｛　　｝
- ▶ あぶないので，一時てきにガスを止めてください。 ｛　　｝
- ▶ わたしといっしょにうんこしてください。 ｛　　｝

テスト

算数

3年生のまとめ

大かいじゅう ウンコドラゴンが あらわれた！ テストをといて ウンコドラゴンを たおそう！

てきに あたえたダメージの 合計は…

…………万点

学習日

…………月

…………日

1 筆算で答えをもとめましょう。

1つ4万点 28万点

① 475＋846　② 621－294　③ 4010－1998

④ 82×7　⑤ 539×4　⑥ 3.6＋7.8　⑦ 9－1.4

2 計算をしましょう。

1つ4万点 20万点

① 20÷4　② 64÷8　③ 46÷2

④ 13÷3　⑤ 40÷6

3 あてはまる数を書きましょう。

1つ4万点 16万点

① 7kg300g＝□g　② 4km20m＝□m

③ 85秒＝□分□秒　④ 26dL＝□L

4 □にあてはまる等号（＝），不等号（>，<）を書きましょう。

1つ4万点 12万点

① $\frac{4}{11}$ □ $\frac{7}{11}$　② 1 □ $\frac{5}{5}$　③ 7.9 □ 0.8

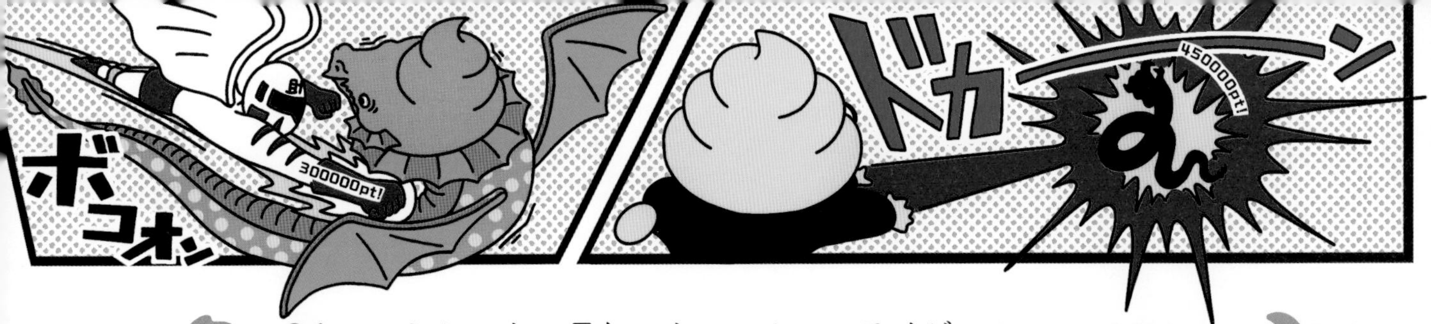

式・答え4万点ずつ 24万点

5 36このうんこを，7台のウォータースライダーのコースに同じ数ずつ流(なが)します。
1台のコースに流すうんこは何こで，何こあまりますか。

式(しき)

答え ______

6 父はうんこの写真(しゃしん)を毎月235まいずつとっています。
12か月で何まいになりますか。

式

筆算(ひっさん)

答え ______

7 家から，道のり6.1kmのところにある川までさん歩をします。2.8km歩いたところで，うんこをもらしました。川に着(つ)いたら，あらおうと思います。
あと何km歩けば川に着きますか。

式

筆算

答え ______

3年生の学習は
KUBAL
女神のうんこ
配
ねん土
20200900
自信をもって4

全部できたね!!
ウンココナール
年生になろう!
終

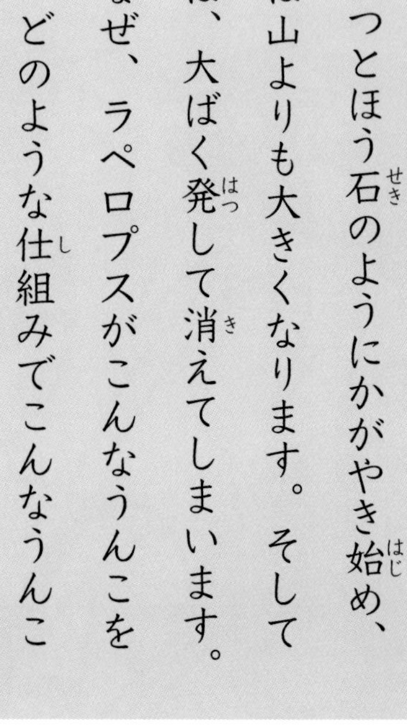
は、一日たつとほう石(せき)のようにかがやき始(はじ)め、三日目には山よりも大きくなります。そしてさい後には、大ばく発(はっ)して消(き)えてしまいます。いったいなぜ、ラペロプスがこんなうんこをするのか、どのような仕(し)組みでこんなうんこが出るのか、まったくわかっていないのです。

●さい後には

「　　　　」。

③ ラペロプスの見た目についてせつ明しているのは、1～3のまとまりのうちどれですか。数字を書きましょう。

□のまとまり

2 □(うんこます)に漢字(かんじ)を書きましょう。

① この□(はこ)からうんこがとび出してくる□□(よかん)がする。

② □□(ぜんいん)のうんこを集(あつ)める□(かかり)。

③ うんこから□(てつ)を作る方ほうを□□(けんきゅう)しています。

④ □(つぎ)はこちらのうんこの□□(しゃしん)をごらんください。

テスト
国語

3年生のまとめ

大かいじゅう
ウンコビーストが
あらわれた！
テストをといて
ウンコビーストを
たおそう！

てきに
あたえたダメージの
合計は…

…………万点

学習日

…………月

…………日

1 つぎの文章を読んで、後の問題に答えましょう。

1 動物の生態にはまだわかっていないことも多く、今日も世界中の動物学者がけんきゅうを進めています。その中でもとくにふしぎな生態を持つのが、ラペロプスという動物です。

2 ラペロプスのぜん身はピンク色で、シマウマのようなしまもようがあります。顔はアリによくにています。とてもきみょうなすがたをしているので、昔の人はラペロプスを「うちゅうから来た動物」だと思っていたそうです。

3 しかし、ラペロプスがすごいのは、すがたよりもうんこです。ラペロプスがするうんこ

① 1のまとまりに書いてあることをアイウの中からえらんで、記号を書きましょう。

ア さまざまなうんこをする動物がいること。
イ 動物の生態にはわかっていないことが多いこと。
ウ ラペロプスのうんこのこと。

（　　）

15万点

② ラペロプスのうんこのとくちょうを表した文章の（　）に、正しい言葉を入れましょう。

・ラペロプスのうんこは、一日たつとほう石のように（　　　）。
・三日目には（　　　）。

1つ10万点
30万点

22 国語

手紙

1 次の手紙を読んで、後の問題に答えましょう。

おじいちゃんへ

お元気ですか。

十二月二十日に、わたしの学校の先生たちのうんこダンシング会があります。先生が全員うんこを持って、七時間、休けいなしでおどりつづけます。場所は小学校の校庭で、だれでも見ることができます。

わたしはおうえんに行きます。もしよかったら、おじいちゃんもいっしょに行きませんか？　先生たちは毎日一生けん命練習しています。

しのぶより

① 手紙の一行目には、何が書いてありますか。合うものを一つえらんで、○をつけましょう。

（　）すきな食べ物の名前。
（　）手紙を出す相手の名前。
（　）その日のうんこの回数。

② この手紙は、どんな気持ちをつたえる手紙ですか。

(1) 合うものを一つえらんで、○をつけましょう。

（　）うんこダンシング会を見に来てほしい気持ち。
（　）うんこダンシング会に出場してほしい気持ち。
（　）うんこダンシング会でゆう勝してほしい気持ち。

(2) その気持ちが書いてある一文に線を引きましょう。

③ うんこダンシング会は、いつ、どこで行われますか。

いつ……（　　　）
どこで……（　　　）

21
国語

おぼえたい言葉

学習日 ……月 ……日

1 次の文の、——の言葉の意味に合う絵の方に○をつけましょう。

① うんこのみりょくを**ねっしん**に語る人。

（　）

（　）

② うんこにそんな色をぬったら、**まぎらわしい**。

（　）

（　）

2 ——の言葉の意味に合う方に○をつけましょう。

① あまりうんこを急がされると**あせる**よ。

（　）はやくやろうとしていらいらする。

（　）気持ちや動きがしずかになる。

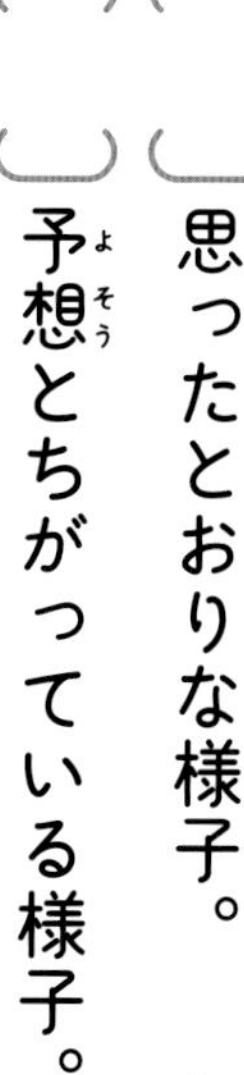

② うんこを頭にのせてみたら、**意外**とにあう。

（　）思ったとおりな様子。

（　）予想とちがっている様子。

③ 注文したうんこがとどくのが、**待ち遠しい**ね。

（　）長い間待って、つかれる様子。

（　）そのときが来てほしいとねがう様子。

物語文❶

1 次の文章を読んで、後の問題に答えましょう。

ジェイムスのしょく業は、うんこハンター。世界中のありとあらゆるうんこをさがし出し、手に入れる冒険家です。

三年前、ジェイムスはどうくつでとんでもないうんこを見つけました。

「ファラオのうんこ」というでんせつのうんこで、国際うんこマーケットで売れば八兆円にもなるものです。

ジェイムスは、家のテーブルにそれをおきっぱなしにしていて、ぬすまれてしまいました。

しかし、なぜか大わらいして言いました。

「おれからうんこをぬすむとは、すごいやつだ。どこかのうんこハンターにちがいない。もう一度そいつからうばい返してやるさ。」

うんこを追いもとめているときが何よりも楽しい。かれはそんな男なのです。

① ジェイムスが「ファラオのうんこ」を見つけたのは、いつですか。

（　　　　　）

② ジェイムスが「大わらい」したのは、なぜですか。

自分からうんこをぬすんだやつを（　　　　　）と感じ、そいつから（　　　　　）やりたいと思ったから。

③「ファラオのうんこ」をぬすまれたジェイムスは、どんな気持ちになりましたか。合うものを一つえらんで、○をつけましょう。

（　）ふあんな気持ち。　（　）ゆかいな気持ち。

（　）悲しい気持ち。

物語文❷

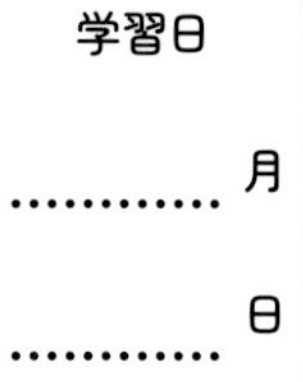

1 次の文章を読んで、後の問題に答えましょう。

1のつづき

ジェイムスが、いつものように川ぞいの道をジョギングしているときのこと。

「ジェイムスさん！」

いきなりだれかに声をかけられました。

「ぼくはラッピといいます。うんこハンターになりたいんです！ 弟子にしてください！」

ラッピと名乗る男の子は、目をきらきらかがやかせています。子どものころのおれにそっくりだ。ジェイムスはそう思うと、わくわくしてきました。

「ああ、いいよ。ちょうど次の旅のパートナーもほしかったところさ。」

ラッピは草の上をごろごろ転げ回ってよろこびました。

「やっほー！ やっほー！ うれしいな！」

こうして、ジェイムスとラッピくんの名コンビがたん生したのです。

① ジェイムスがだれかに声をかけられた場所は、どこですか。

（　　　　　　　　）

② ジェイムスがラッピを弟子にした理由として、まちがっているものすべてに×をつけましょう。

（　）ラッピが子どものころの自分とそっくりだから。

（　）ラッピがうんこににていたから。

（　）ラッピがこわかったから。

（　）次の旅のパートナーがほしかったから。

（　）うんこがもれそうだったから。

③ ラッピを見たジェイムスは、どんな気持ちになりましたか。文章中から合う言葉をさがして書きましょう。

（　　　　　　　　）してくる気持ち。

漢字❶読み

学習日 ……月 ……日

1 次の――の漢字の読みを、〔 〕に書きましょう。

① うんこにかんすることなら何でもご相談ください。〔 〕

② 体の表面にうんこをぬりこむ。〔 〕

③ うんこをかたにのせているけれど、とくに意味はありません。〔 〕

④ 今日もうんこを安全に運びます。〔 〕

⑤ あんな速度でとぶうんこは見たことがない。〔 〕

⑥ この先生のうんこについて感想をのべよ。〔 〕

漢字❷書き

学習日 ……月 ……日

1 □(うんこます)に漢字を書きましょう。

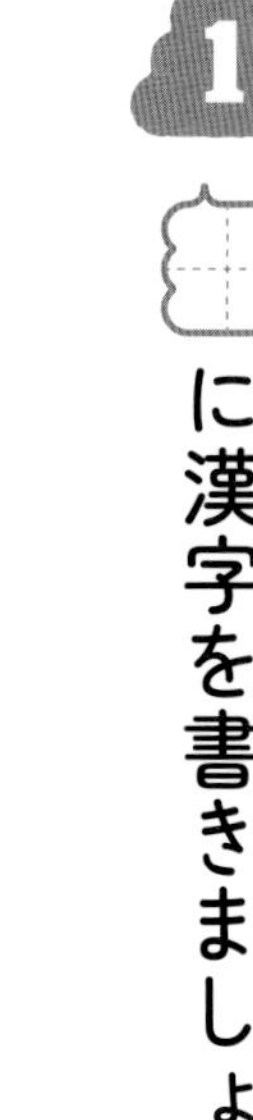
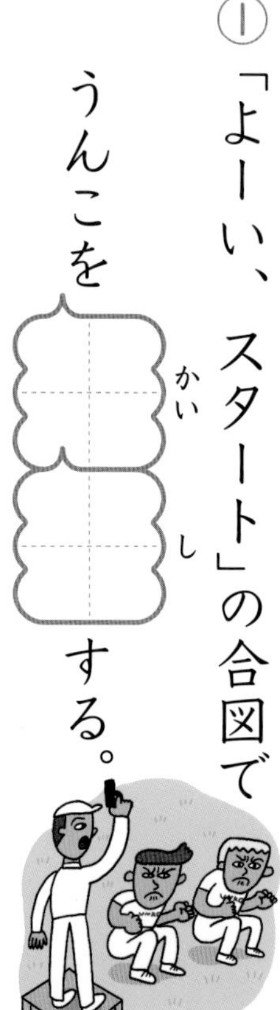

① 「よーい、スタート」の合図でうんこを［かい］［し］する。

② はんの［だい］［ひょう］の人、うんこを取(と)りに来てください。

③ きみのうんこには［き］［たい］しているよ。

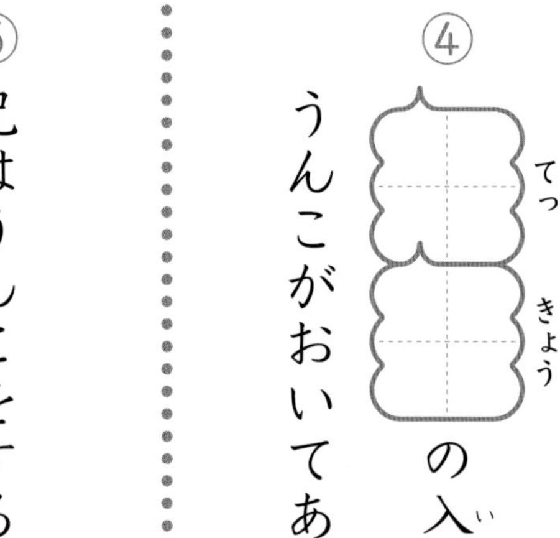

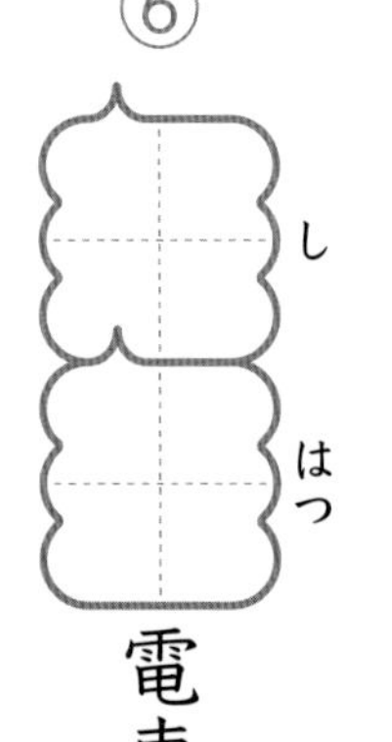

④ ［てっ］［きょう］の入(い)り口にうんこがおいてあった。

⑤ 兄はうんこをするとき［はな］［いき］があらくなる。

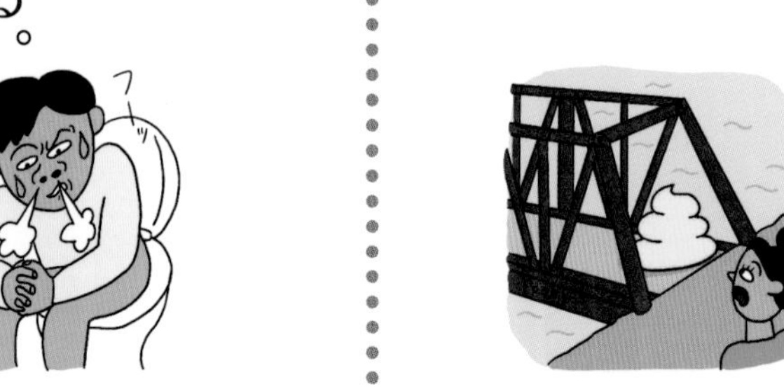

⑥ ［し］［はつ］電車に乗(の)って、おじいちゃんの家にうんこをしに行く。

1

□（うんこます）に漢字を書きましょう。

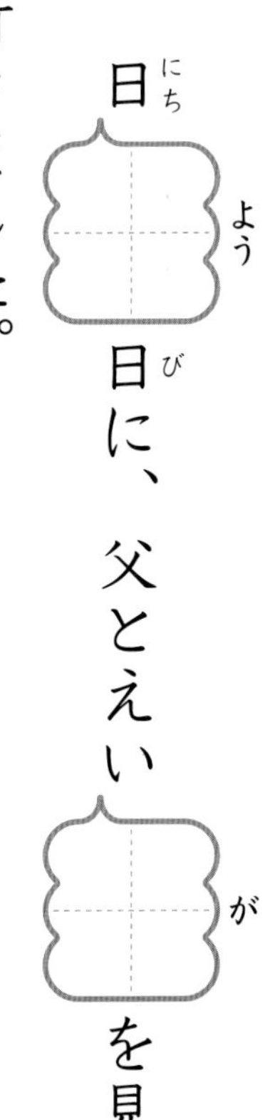

日□（にち）□（よう）日に、父とえい□（が）を見に行きました。

「愛の風と思い出の恋のうんこ」というタイトルの大ヒット作です。

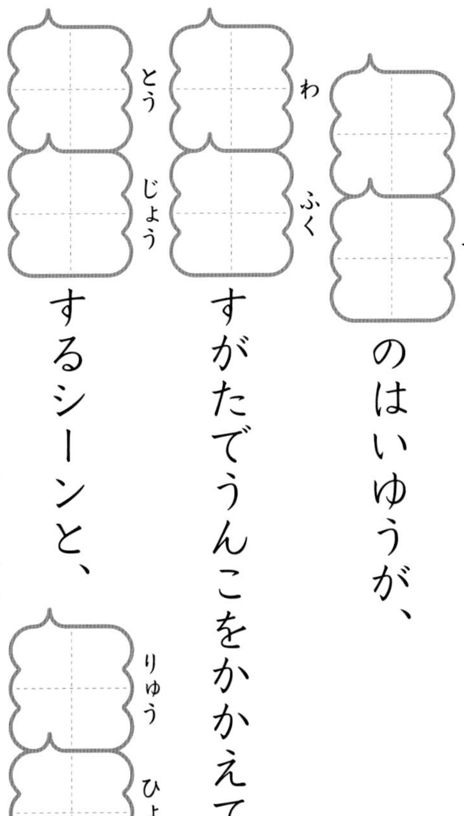

□（しゅ）□（やく）のはいゆうが、□（わ）□（ふく）すがたでうんこをかかえて□（とう）□（じょう）するシーンと、□（りゅう）□（ひょう）の上でライバルと□（たい）□（けつ）するシーンがとてもかっこよかったです。

国語辞典(じてん)の使(つか)い方

学習日
月　日

1 国語辞典(じてん)に出ているじゅんに、（　）に数字を書きましょう。

① （１）きた　（　）ひがし
（　）にし　（　）みなみ

② （　）うんこ　（　）きんこ
（　）あんこ　（　）がんこ

③ （　）おとうさん　（　）おかあさん
（　）おにいさん　（　）おねえさん

④ （　）はんぶん　（　）はんせい
（　）はんたい　（　）ハンサム

⑤ （　）しょうじき　（　）しょうぎ
（　）しゅうじ　（　）しょくじ

2 次(つぎ)の文の――の言葉(ことば)を、国語辞典の見出し語の形に直しましょう。

れい　うんこをもらした。
（もらす）

① うんこをかかえて、長いすべり台をすべった。
（　　　　）

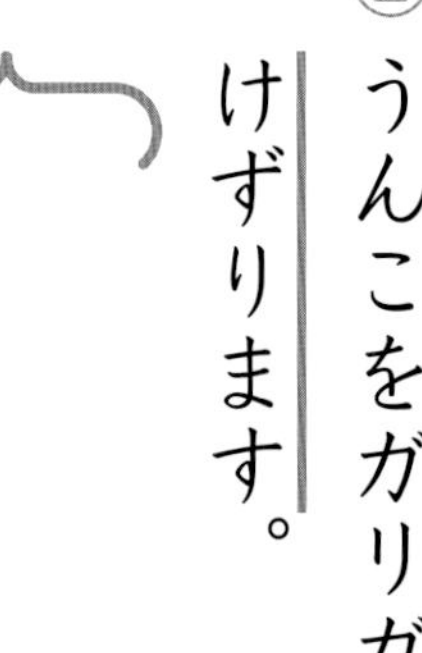

② うんこをガリガリけずります。
（　　　　）

③ うんこでけん玉をしたら、とても楽しかった。
（　　　　）

物語文③

学習日 月 日

1 次の文章を読んで、後の問題に答えましょう。

「カエルの世話はたいへんだよ。こころにはむりだから、池ににがしてきたらどうかな。」

お父さんにそう言われましたが、こころはとってきたカエルに「ケロ」と名づけて、毎日一生けんめい世話をしました。えさをあげたり、水をかえたり、頭をなでてあげたり。そのおかげでケロは元気に育ち、大きくなりました。

「よおし、ケロのジャンプ力を見せてもらおう！」

ある日、お父さんが大きなうんこを持ってきてケロの前におきました。こころも、まるで子どもの運動会を見守るお母さんのようにケロを見つめました。

ぴょーーーーーーーーーーん！

ケロはうんこをはるかにとびこえて、庭の木の上に着地しました。

その日から毎日、ケロはうんこでジャンプの練習をするようになりました。

① お父さんの——の話を聞いたこころは、どうしましたか。合うほうに○をつけましょう。

お父さん ｛（　）に言われたとおり／（　）にはそう言われたが｝、カエルを ｛（　）池にかえした／（　）一生けんめい育てた｝。

② うんこをとびこえようとするケロを見ているこころは、どんな様子でしたか。

まるで〔　　　　〕のような様子。

③ こころは、どんな子ですか。合うものを二つえらんで、○をつけましょう。

（　）がんばり屋　（　）らんぼう

（　）うそつき　（　）やさしい

物語文④

1 次の文章を読んで、後の問題に答えましょう。

7のつづき

こころが十八才になった年の夏のことです。ある夜、こころの部屋のまどの外に、ケロがやってきました。こころが小学校四年生のときにいなくなってしまったはずの、あのケロです。

「やっほー！　こころちゃん。おれだよ。ケロだよ～！」

「え、え、えええ？　ケロなの？なんでしゃべってるの？」

「こころちゃん。うんこできたえたおれのジャンプを、ひさしぶりに見てくれよ～。」

そう言うとケロは、夜空に向かって思いきりジャンプしました。しばらくしてまたもどってくると、こころの手に何かをにぎらせました。

「月の石だよ。今ジャンプして取ってきたよ～。こころちゃん、おれのせなかに乗りなよ。夜の風は気持ちいいよ～。」

こころはゆめを見ているのかと思いました。

① 次の⑴と⑵は、それぞれいつのできごとですか。

⑴ ケロがこころの家からいなくなった

こころが〔　　〕のとき

⑵ ケロがこころの部屋のまどの外にやってきた

こころが〔　　〕年の夏

② こころの家にやってきたケロは、何をしましたか。

〔　　〕に向かってジャンプして、〔　　〕を、〔　　〕のために取ってきた。

③ ケロは、どんなせいかくですか。合うものを二つえらんで、〇をつけましょう。

〔　〕意地悪
〔　〕明るい
〔　〕ロマンチック
〔　〕こわがり

漢字の組み立て（部首）

学習日　　月　　日

1 ☐に漢字を書きましょう。（　）には、〔　〕からきょう通する部首をえらんで書きましょう。

①　☐（みずうみ）に落としたうんこを平☐（およ）ぎでさがす。（　　）

②　うんこをしながらだと、☐（ちょう）子よく☐（し）が作れるんです。（　　）

③　うんこを持って☐（うん）動場を行☐（しん）する。（　　）

④　☐（は）っぱにこの☐（くすり）をかけると、うんこにかわります。（　　）

〔ごんべん・うかんむり・さんずい・くさかんむり・にんべん・しんにょう〕

10 国語

漢字の音と訓・送りがな

学習日　月　日

1 次の――の漢字の読みを、（　）に書きましょう。

①うんこをがまんしながら、上品（　）に品（　）物をならべる。

②屋（　）上から花屋（　）に向かってうんこがとんでいった。

③旅の宿（　）でうんこと宿（　）題をすませる。

2 漢字と送りがなを書きましょう。

①これは、うんこをひっくり（かえす）ためのぼうです。

②うんこに自しんのある人が（あつまる）。

③大きさが（ひとしい）二つのうんこを（ひろう）。

せつ明文❶

学習日　月　日

1 次の文章を読んで、後の問題に答えましょう。

世界にはさまざまなたて物があります。その中で一番の高さをほこるのが、中国にある「うんこ城」。その高さはなんと九百九十七メートルです。四階だてのビルの高さがだいたい十二メートルくらい。みなさんがよく知っている東京スカイツリーでも六百三十四メートル。うんこ城がどれだけ高いかがわかりますね。

しかもこのうんこ城、ざいりょうに、木やレンガは一つも使われていません。その名のとおり、すべてうんこでできているのです。柱もうんこ、ゆかもうんこ。屋根も階だんも何もかも、全部うんこだけでつくられています。

うんこ城のおどろくべき話はこれだけではありません。

この城は、たった一人の人間の手によってつくられたのです。その人の名は、雲国孤といいます。

① 何の「話題」について書かれていますか。

世界でもっとも高い、（　　　　）というたて物について。

② ①のたて物について書かれていることとして正しいものを一つずつえらんで、○をつけましょう。

●高さ

（　）十二メートル　（　）九百九十七メートル

（　）六百三十四メートル

●たてた人

（　）雲国孤　（　）雲古　（　）雲小

（　）雲虎　（　）雲公　（　）雲湖高校生

（　）うんこ人間

●ざいりょう

（　）木やレンガ　（　）うんこ

（　）石や岩を切り出したもの

せつ明文 ❷

学習日 ……月 ……日

11のつづき

どうして雲国孤は、こんなにすごいたて物を一人でつくることができたのでしょうか。

もともと貴族で何不自由のない生活をしていた雲国孤ですが、せんそうによって家やざいさんをすべてうしなってしまいます。しかし、かれはここで負けませんでした。

「ここからまた立ち上がり、世界をあっと言わせるものをつくってみせる！」

その日から、かれは自分のうんこだけで城をつくり始めます。そんなかれのまわりにだんだんと人が集まり、おうえんするようになりました。

そして三十三年後。ついにうんこ城がかんせいしました。

世界一高いたて物をつくることができたのは、雲国孤が世界一の「くじけない心」を持っていたからだったのです。

1 次の文章を読んで、後の問題に答えましょう。

① この文章の「問い」は何ですか。

雲国孤が、どうしてこんなにすごいたて物を〔　　　　〕ことができたのか。

② 「問い」に対する「答え」として、どんなことが書かれていますか。

雲国孤が〔　　　　　　　　〕の持ち主であったこと。

③ 雲国孤の人生について、起きたじゅんにならべて記号を書きましょう。

ア せんそうで、すべてをうしなってしまった。
イ うんこ城をかんせいさせた。
ウ まわりに人が集まり、おうえんするようになった。
エ 何不自由のない生活をしていた。
オ 自分のうんこだけで城をつくり始めた。

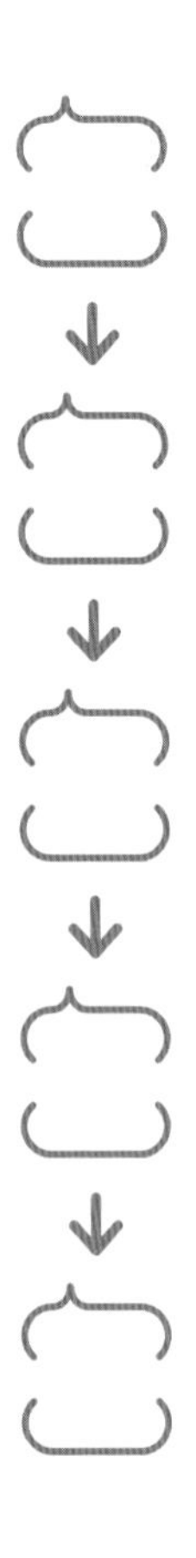

13 国語

こそあど言葉

学習日 月 日

1 次の表の空らんに入る、こそあど言葉を書きましょう。

こ	これ	この	（　　）	こちら	（　　）	こんな
そ	それ	（　　）	そこ	（　　）	そっち	（　　）
あ	（　　）	あの	あそこ	あちら	あっち	あんな
ど	どれ	どの	（　　）	どちら	どっち	（　　）

2 ——のこそあど言葉が指ししめしているものを書きましょう。

① かれはいつもするどい刀をこしにぶらさげていた。それを使って、うんこを切るのだ。

（　　　）

② ぼくはうんこ広場で遊ぶのが大すきだ。ここに来るといつも友だちに会える。

（　　　）

③ 父がとなりの部屋を指さして「うんこはあちらにおいておきなさい。」と言った。

（　　　）

14 国語

しゅうしょく語

学習日　月　日

1 次の文の中から、くわしくする言葉（しゅうしょく語）をすべて見つけて、○でかこみましょう。

① ジェイムスが　うんこを　見つける。

② きのう、父は　うんこを　もらした。

③ むらさき色の　うんこが　坂を　転がる。

④ 先生が　車の　トランクから　うんこを　出す。

2 次の文で、――のしゅうしょく語がくわしくしている言葉を書きましょう。

① 今夜、みんなで　うんこの　番組を　見る。

（　　　　）

② おじいちゃんの　うんこの　写真を　とる。

（　　　　）

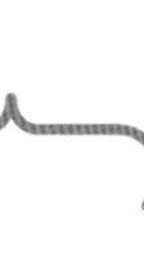

③ 遠くから　ロケットみたいに　うんこが　とんできた。

（　　　　）

同じ読みの漢字

学習日 ……月 ……日

1 □(うんこます)に漢字を書きましょう。

① マンションの同じ□(かい)に、うんこの世□(かい)チャンピオンが住んでいる。

② □(きゅう)に地□(きゅう)上のうんこがすべて消えてしまった。

③ □(しょう)店がいて、うんこ□(しょう)負にチャレンジする。

④ 三□(ちょう)目の角で「うんこ」と書かれた手□(ちょう)を拾った。

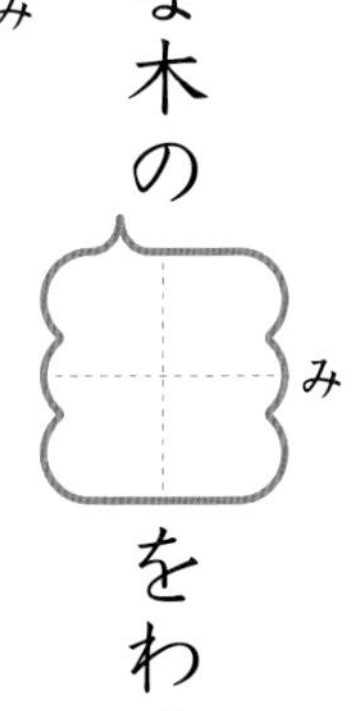

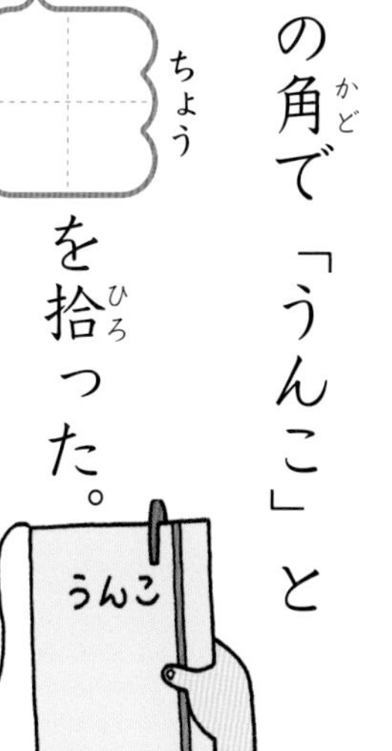

⑤ 大きな木の□(み)をわると、中□(み)はうんこだった。

⑥ うんこに着□(もの)を着せるとは、ただ□(もの)ではない。

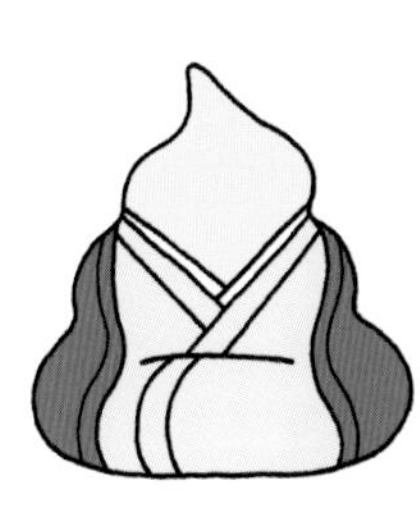

16 国語

にた形の漢字

学習日　…………月　…………日

1 □（うんこます）に漢字を書きましょう。

① □（いた）の上にうんこをのせて□（さか）をすべらせる。

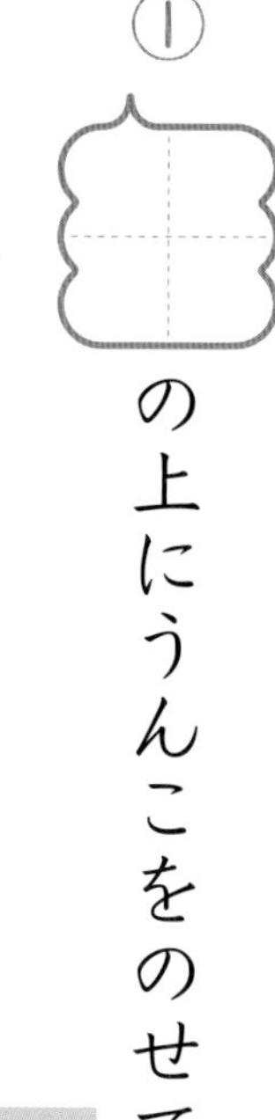

② 向こう□（ぎし）に、うんこを□（すみ）火でやいているおじさんがいる。

③ このうんこは自□（ゆう）自ざいに□（ま）げられます。

2 次の文のまちがっている漢字に×をつけて、正しい漢字に直しましょう。

れい　うんこが~~入~~（で）る。　出

① お区者（いしゃ）さんが、うんこにちょうしんきを当（あ）てている。

② 実（じっ）はこれ、全倍（ぜんぶ）うんこなんだよ。

③ お待（ま）ちくださいお宮様（きゃくさま）、うんこをおわすれです。

せつ明文 ③

学習日 　月　日

1 次の文章を読んで、後の問題に答えましょう。

うんこ転送機の使い方をおぼえると、くらしがとてもべんりになります。

生活していて、だれかにうんこを送りたくなるときや、今すぐうんこがひつようだとあわてててしまうときが、よくありますよね。

そんなときが、うんこ転送機の出番です。

うんこ転送機のとびらを開き、送りたいうんこを中に入れます。横についているタッチパネルを使い、送りたい相手の名前を入力します。あとは「送る」ボタンをおすだけ。

たった二秒ほどで、相手がわのうんこ転送機にうんこが送られます。まさにまほうのようです。

電話やひこうきなど、これまでに多くの発明が世界をかえてきました。うんこ転送機は、それらにならぶ、世界をかえる発明品だといえます。

① 「そんなとき」とはどんなときですか。

・（　　　　）とき

・（　　　　）とき

② うんこ転送機の使い方で、正しいものすべてに○をつけましょう。

（　）とびらを開いて、中にうんこを入れる。

（　）タッチパネルで相手の名前を入力する。

（　）とびらを開いて、自分が中に入る。

（　）「うんこ送信！」とぜっきょうする。

（　）「送る」ボタンをおす。

③ うんこ転送機はどんな発明品ですか。

（　　　）や（　　　）など

にならぶ、世界を（　　　）発明品。

18 国語

せつ明文 ④

学習日 ……月 ……日

1 次の文章を読んで、後の問題に答えましょう。

1五こや十このうんこならば自分で数えることもできますが、百こ、千ことなるとたいへんですね。そんなとき、うんこ数えマシンが一家に一台あると、うんこの数を数える苦ろうはさっぱりとなくなります。

2マシンの中にうんこを投げこむだけで、ふつうのうんこ数えマシンなら、六万五千五百三十五こまでのうんこを自動てきに数えてくれます。それ以上の数のうんこを数えたいときは、うんこ数えマシンターボといううしゅるいを使えば、九億九千万こまでのうんこを数えることができます。

3うんこ数えマシンを買うときに注意することがあります。まず、ねだんをよく見ましょう。一台三億円くらいしますので、なかなか高価な買い物です。また、とても大きいので、おく場所があるかどうかを買う前に調べておくひつようがあります。

① 1のまとまりから、うんこ数えマシンが家にあることで、何がなくなるとわかりますか。

〔　　　　　　　　〕

② 2のまとまりから、うんこ数えマシンで数えられるうんこの数は何こまでだとわかりますか。

ふつうのうんこ数えマシンは〔　　　　　〕までだが、うんこ数えマシンターボなら〔　　　　　〕まで数えられる。

③ 3のまとまりの中から、うんこ数えマシンを買うときに注意することを、三字と四字でぬき出しましょう。

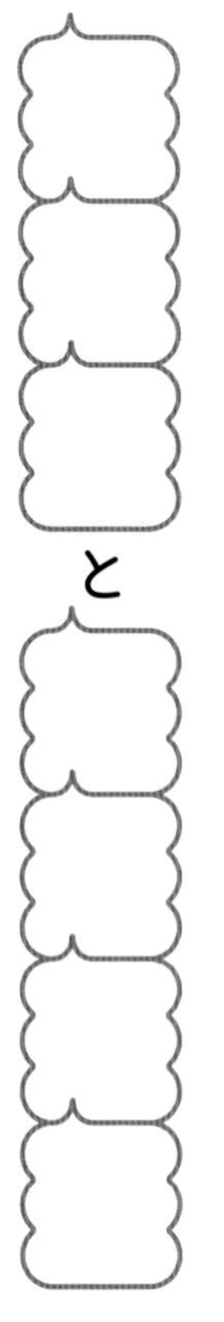

□□□ と □□□□

ローマ字

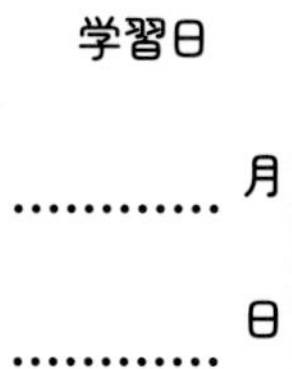

1 次(つぎ)のローマ字の読み方をひらがなで書きましょう。

① hasami ｛　　　　｝

② kaisya ｛　　　　｝

③ yûki ｛　　　　｝

④ sippai ｛　　　　｝

2 ｛　｝にあてはまるローマ字を書きましょう。

① ヨット

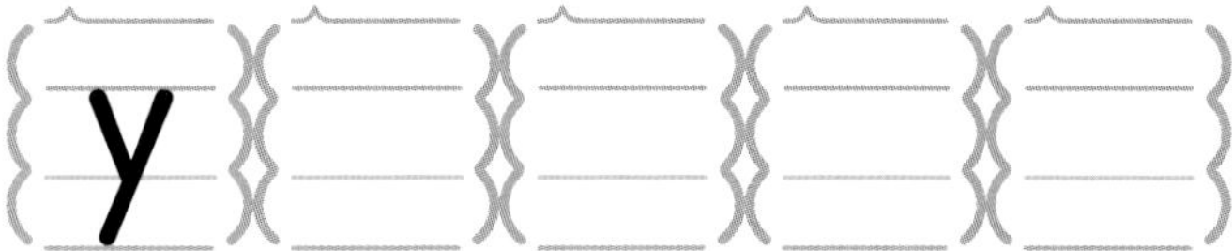

② よいしょ

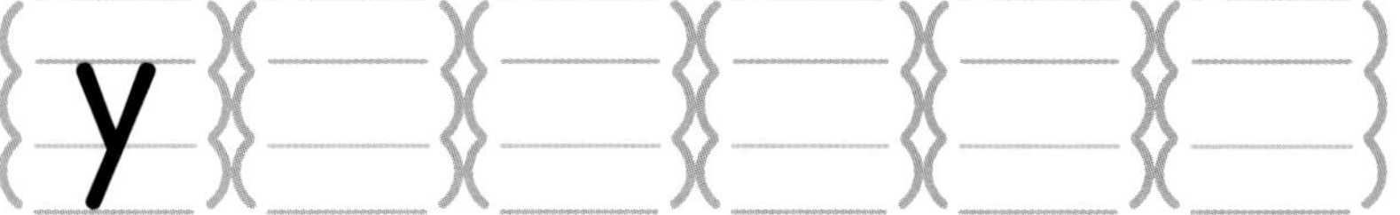

③ ようかん

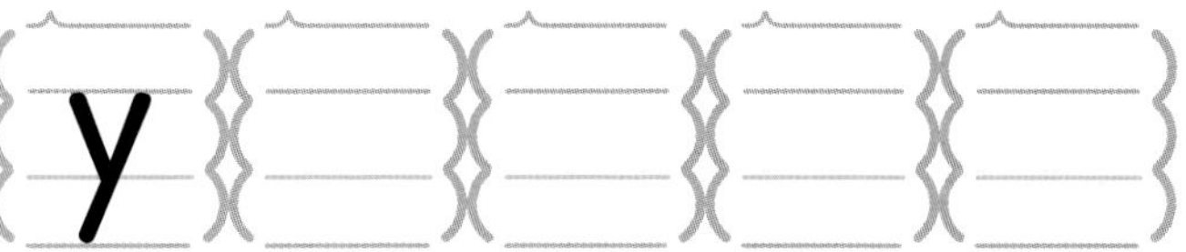

3 文の中にある――の言葉(ことば)を，｛　｝にローマ字で書きましょう。

本屋(や)で「かっぱときょだいうんこ」という絵本を買った。
（①本屋　②かっぱ　③きょだい）

①

②

③

詩

学習日
月 日

1 次の詩を読んで、後の問題に答えましょう。

かわあそび

白茂 紺雨

友だちと
じゃぶじゃぶ　かわあそび
ひざまで水に入って
がさがさ　生きものさがし

あついけれど
きもちいい

つかれたけれど
たのしい

うんこも　ぶりぶり
もらしたけれど
それはそれで
かわなので
ながれるので
うんこするのが生きものなので
よろしい

① この詩には、一年のうちいつごろのきせつのことが書かれていますか。合うものを一つえらんで、○をつけましょう。

（　）冬から春　（　）春から夏
（　）秋から冬

② 詩の中から、音や様子をまねた言葉を三つぬき出しましょう。

・（　　　）
・（　　　）
・（　　　）

③ この詩から、子どもたちのどんな様子が想ぞうできますか。一つえらんで、○をつけましょう。

（　）悲しそうな様子。
（　）元気いっぱいな様子。
（　）ねむそうな様子。

小学3年生 うんこ総復習ドリル

国語 目次

算数は反対がわから始まるよ。

3年生の国語は
ばっちりかのう？

「うんこ総復習ドリル」の
世界を旅しながら，
わしといっしょに
復習をしていくぞい！

次のページから記念すべき第1話をお読みいただけます！

読む順番
矢印の順番に読んでください
ではここから！『おはよう！うんこ先生』第1話 スタートです！
第1話
うんこ先生がやってきた!!の巻

登場人物紹介

うんこ先生
ある日とつぜん主手山小学校6年2組にやってきたナゾの先生！

月見里たつき
主手山小6年2組の男子。うんこが担任なんてイヤだ！と主張するが…？

田中ともひこ
通称トッコ。たつきといつも一緒に遊んでいる。

カッ
ボクらが先生と出会ったのは…
夏休み最後の暑い日のことだった――
あっちぃ～
ミーンミンミン
あーあっちいなァ
あつい…
8月31日
もう市営プールもやってないしなァ…
あれは…
ポヤ～ン
ん？
あんなところにでっかいソフトクリームが!!
おお！
だだだっ

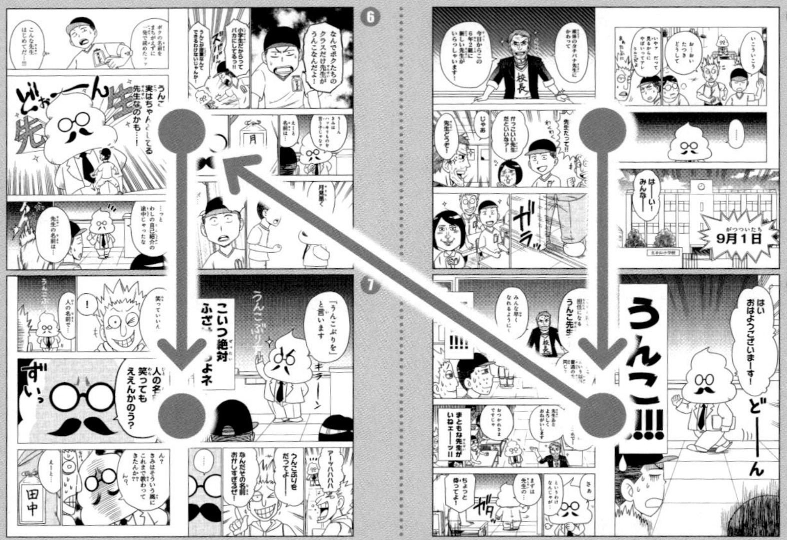

どーーん
うんこ???
しかも服きてる…
ハァ ハァ ハァ
なんだよキモチ悪い…
帰ろ帰ろ
あーちょっとちょっときみたち
しゃべったね…
このあたりに主手山小学校という学校はないかのう
！
ボクたちの小学校だ…
あーそれな…
スッ
そんな学校知らないなァ
えっ

4

9月1日
はーーい！
みんなーー
主手山小学校
……
いこういこう
お…おい
たつき
どうして
いやァ だって
見るからに
やばいってアレ
うんこだよ
まぁ
たしかに
産休のタチバナ先生に
かわって
イケメン
今日からこの
6年2組に
新しい先生が
いらっしゃいます！
ガラッ
おっ！
新しい
先生だって!!
わくわく
かっこいい先生
だといいなァー
じゃあ
先生どうぞ！

5

どーーん
はい
おはようございまーす！
うんこ!!!!
こちら新しく
担任になる
うんこ先生です
うんこ
という以外は
普通の先生と
同じなので
みんな早く
なれるように〜
みなさん
よろしくですじゃ
無理!!!!
じゃあ私は
日焼けサロンに
行くのでこれで！
先生あと
よろしく
おねがいします
おつかれさま
ですじゃ
まともな先生が
いねエーーッ!!
さぁ
というわけ
なんじゃが…
まずは
先生の…
ガタッ
ちょっと
待ってよ！

6

なんでボクたちの
クラスだけ先生が
うんこなんだよ！
小学生だからって
バカにしてるっ!!
ズバババ
うんこが授業なんて
できるわけないじゃんか！
うーーん
きみは
ハッキリものを
言う子じゃなァ
えーと
名前は…
月見里
月見里くんか
…！
ボ…
どぉーーん
先生
うんこだけど
実はちゃんとしてる
先生なのかも…！
ボクの名前を
まちがえずに
一発で読めたッッ
こんな先生
はじめてだ…!!!
…っと
わしの自己紹介の
途中じゃったな
先生の名前は…
カッ
カッ

7

「うんこぶりを」
と言います
キラーン
うんこぶりを
こいつ絶対
ふざけてるよネ
笑っていいんかのう
！
人の名前で…
うんこぶり
人の名前で
笑っても
ええんかのう？
ずいっ
アーッハハハハ
うんこぶりを
だってよーー！
なんだその名前
おかしすぎるぜ！
……
ん？
きみはそういう風に
これまで教わって
きたんか??
ん？
ちげェ
えーと…
田中

8

田中くん…
ブフッ ふつう!!!
ぶばっ
たなかて!!
失礼な奴だな!!!
わしが困っとったのに学校の場所を教えてくれんかった…
困っとる人には親切にせんといかんじゃろ?
だ…だって
ところできみたちは…
コホン
昨日わしにウソをついたのう
?
怪しかったからだよ!!
あんなとこにうんこなんか座ってたら逃げるに決まってるじゃん!!!
あ
このあたりに主山小学校という学校はないかのう
そんな学校知らないな
えっ
そういえば…!!
!!
あ…あやしい…
わしが…

9

ただうんこってだけじゃろ…???
ガーン
それで十分だ!!!!!
うーむ どうも日本は遅れとっていかん
ぶりっ
もう海外では人とうんこは半々くらいなんじゃが…
ピキキッ
さらっとうそをつくな!!!
まぁええ!! とにかくわしはうんこじゃがちゃんとした先生なのじゃ!! わしが担任になったからには…
きみらを
ぶ
ナンバーワンにしちゃうのじゃぞい!!!
くるっ
ナ…
ナンバーワン…!!!
本当に…??
もちじゃッ!! わしには見えるぞい!
きみらがこの町…いや!
この県…いや!
この日本でナンバーワンの…

10

おすもうさんになっとる姿が!!!!
ワー ワー
たつき
なぜ!!!!!!?
もういいよ! 絶対ふざけてるこのバカうんこ!!
ドドドドド
ちょちょちょ
ふつうの先生がいいよ! 校長先生に言いに行こう
待ってくれ 待ってくれい!!
ゾロゾロ
わしを先生として認めるかどうか…
これを見てから判断してほしいのじゃ!
ぐ…
ふつうの先生には…
絶対にこんなことできんぞい!!
ぐ… ぐぐ…
おおお〜〜〜!!!

11

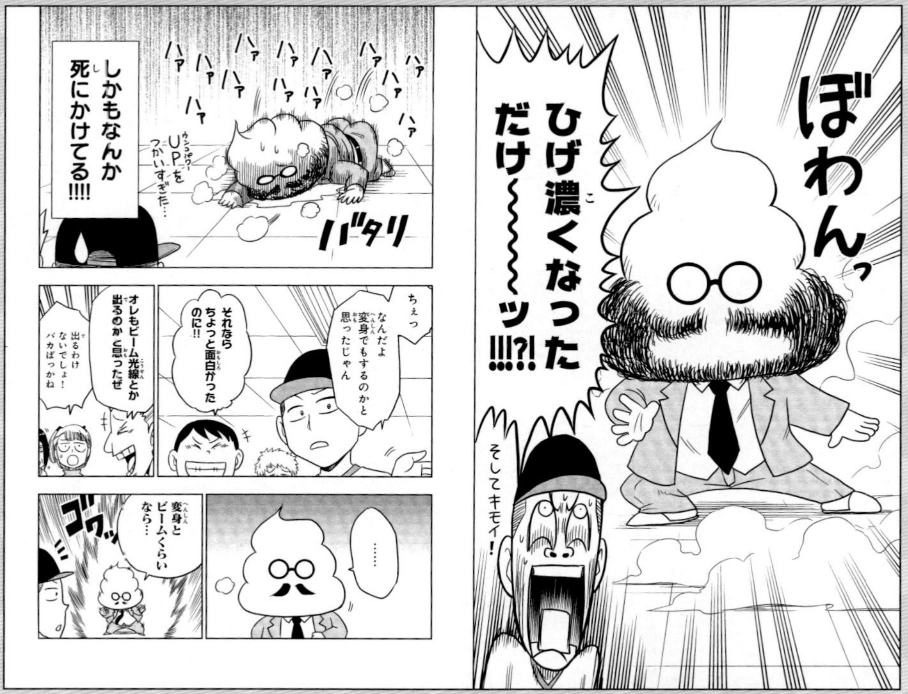

ぼわんっ
ひげ濃くなっただけ〜〜〜ッ!!!?!
そしてキモイ!
しかもなんか死にかけてる!!!!
ハァ ハァ ハァ
ウンコパワーUPをつかいすぎた…
バタリ
ちぇっ なんだよ 変身でもするのかと思ったじゃん
それならちょっと面白かったのに!!
オレもビーム光線とか出るのかと思ったぜ
出るわけないでしょ! バカばっかね
……
変身とビームくらいなら…
ゴワッ

〈おはよう!うんこ先生・第1話/おわり〉

うんこドリルセット購入者限定！
学習に役立つ
特別ふろく付き

⬇ ご購入は各QRコードから ⬇

	小学1年生	小学2年生	小学3年生
漢字セット	漢字セット 2冊 かん字/かん字もんだいしゅう編	漢字セット 2冊 かん字/かん字もんだいしゅう編	漢字セット 2冊 漢字/漢字問題集編
算数セット	算数セット 3冊 たしざん/ひきざん 文しょうだい	算数セット 4冊 たし算/ひき算/かけ算 文しょうだい	算数セット 4冊 たし算・ひき算/かけ算 わり算/文章題
オールインワンセット（全部入り！）	オールインワンセット 7冊 かん字/かん字もんだいしゅう編 たしざん/ひきざん/文しょうだい アルファベット・ローマ字/英単語	オールインワンセット 8冊 かん字/かん字もんだいしゅう編 たし算/ひき算/かけ算/文しょうだい アルファベット・ローマ字/英単語	オールインワンセット 8冊 漢字/漢字問題集編/たし算・ひき算 かけ算/わり算/文章題 アルファベット・ローマ字/英単語

※セットによって特別ふろくの内容は異なります。